유선경의 맨 처음 감정 공부 1

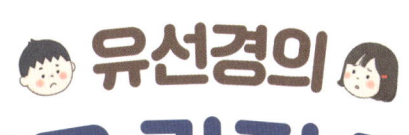

맨 처음 감정 공부 1

유선경 글 · 소소하이 그림

유선경 글
한 가지를 진득하게 못해서 큰일이라는 꾸중을 숱하게 듣고 자랐는데 글쓰기라는 업만큼은 30여 년간 매일 지켰다.
『맨 처음 감정 공부』는 『감정 어휘』, 『하루 한 장 나의 어휘력을 위한 필사 노트』, 『어른의 어휘력』 등 '어휘력' 관련 최다 판매를 기록한 작가가 그동안의 정수를 가득 담은 첫 어린이책이다. 자신의 감정을 '좋아.', '싫어.'라고 뭉뚱그리지 않고 알맞은 이름을 붙여 표현하면 마음이 후련하고 평화로워진다고 말한다.

소소하이 그림
가족의 일상을 따뜻한 시선으로 그리는 일러스트 작가. 포근하고 편안한 그림체로 많은 공감을 받으며 여러 기업들과 다수의 협업을 진행하였다. 『세상 쉽고 재밌는 그림 그리기』를 썼고, 『엄마의 소신』, 『하루 한 장 365 인문학 달력』, 『엄마의 말 연습』 등의 책에 일러스트를 그렸다.
인스타그램 @sosohi.grim

이 책을 읽을 나의 친구들에게

어떤 일에 대해 마음이 느끼는 것을 '감정'이라고 해.
우리는 하루에도 수많은 감정을 느끼는데
뭐라고 해야 하는지, 왜 그러는지 알 수 없어서 답답할 때가 많아.
어떻게 행동해야 할지도 모르겠어.
그러다 실수해서 "아! 이러려고 그런 게 아닌데…." 하고 후회한 적도 많아.

"좋아.", "싫어."라고만 말하지 말고
마음이 느끼는 수많은 감정에 알맞은 이름을 붙여 보자.
피하거나 억누르지 말고 이름을 부르며 마음껏 표현하자.
감정을 정확한 이름으로 표현하면
마음이 왜 이러는지, 어떻게 행동해야 하는지 알 수 있어.
마치 미로를 헤매다 탈출구로 이어진 끈을 잡은 것 같은 신비한 경험이지.
감정을 올바로 표현하면 다른 사람들이 너의 마음을 이해할 수 있고,
너도 다른 사람들의 마음을 쉽게 이해할 수 있어.

기억해! 감정에는 좋은 감정, 나쁜 감정이 따로 없어.
올바로 표현하는 감정과 나쁘게 표현하는 감정만 있을 뿐이야.
이제부터 너의 마음이 느끼는 감정을 솔직하게 인정하고,
알맞은 이름을 붙여 주고, 올바로 표현하는 방법을 익혀 보자.
너의 마음이 후련하고 평화로워질 거야.

유선경

차례

⭐ 이 책을 읽을 나의 친구들에게 5
⭐ 맨 처음 감정 공부 사용법 8
⭐ 감정 젤리 10

내 마음은 빨강

초조하다 | 부담감을 느끼다 | 공포를 느끼다 | 분하다
14

긴장하다 | 예민하다 | 좌절하다 | 화나다
28

당황하다 | 걱정하다 | 불안하다 | 무섭다
42

샘나다 | 질투하다 | 심술 나다 | 부끄럽다
56

어색하다 | 찜찜하다 | 못마땅하다 | 불쾌하다
70

내 마음은 파랑

냉담하다 | 의욕 없다 | 모욕감을 느끼다 | 혐오하다
82

지루하다 | 슬프다 | 실망하다 | 비관적이다
98

지치다 | 주눅 들다 | 우울하다 | 소외감을 느끼다
112

가엾다 | 미안하다 | 후회하다 | 외롭다
124

아쉽다 | 섭섭하다 | 그립다 | 허무하다
138

⭐ 감정 젤리 연습장 150
⭐ 이 책을 읽은 나의 친구들에게 162

 맨 처음 감정 공부 사용법

『맨 처음 감정 공부 1』을 더욱 재밌고 알차게 읽는 방법을 소개할게.
매 챕터마다 네 개의 그림이 등장해.
그림 속 주인공이 어떤 감정을 느낄지 잠시 생각해 보자.
그리고 오른쪽 페이지 위쪽에 있는 감정 단어들 중에 하나를 골라
괄호 안에 쓰자. 정답은 없어. 느끼는 감정 그대로 쓰면 돼.
페이지를 넘기면 방금 전 쓴 단어가
마음이 어떠할 때 사용하는 이름인지에 대한 이야기가 나와.
그리고 옆 장에는(가끔은 뒷장에는) 그 감정을 표현하고 조절하는 방법이 있어.
직접 쓰거나 그리는 공간도 있어. 마음껏 해 보면 좋겠어.

그러니까 이 책은 책이면서 동시에 너의 감정 일기장이 될 수 있지.
다 읽은 다음에도 가까이 두고
마음이 화가 나서 빨강으로 부글부글 끓거나
슬픔으로 파란색 비가 내릴 거 같을 때
네가 쓰거나 그린 글이나 그림을 다시 본다면
색다른 감정을 느끼면서 지혜를 얻고, 힘을 낼 수 있을 거야.

감정을 알아차리고 알맞은 이름을 붙일 줄 알면
기쁨을 놓치지 않고 곁에 둘 수 있고,
고통에 빠지지 않고 수월하게 헤쳐 나갈 수 있어.
지금부터 함께 너의 마음속으로 떠나 보자.

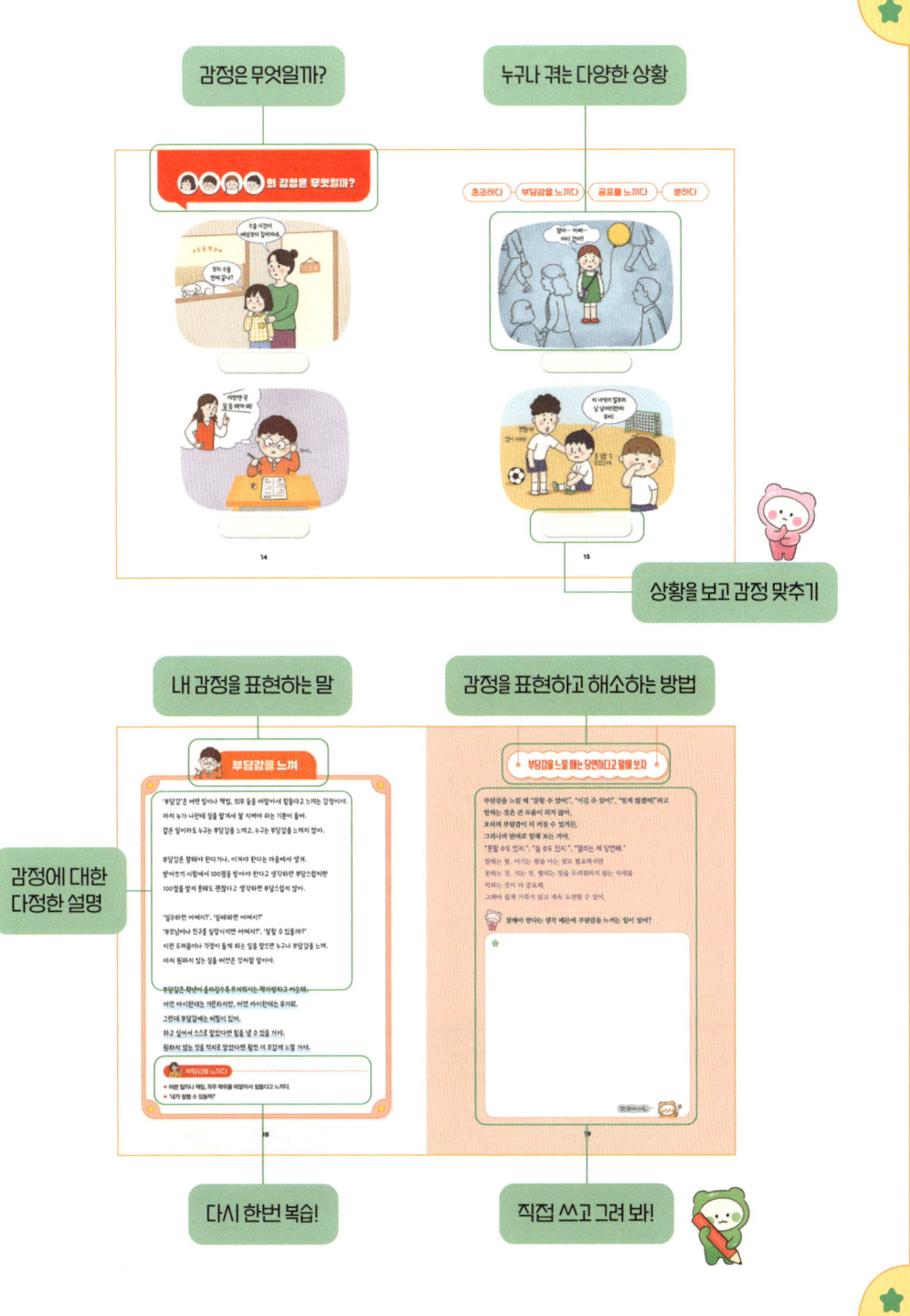

 감정 젤리

크다 ↑

기운

↓ 작다

초조하다	부담감을 느끼다	공포를 느끼다	분하다
긴장하다	예민하다	좌절하다	화나다
당황하다	걱정하다	불안하다	무섭다
샘나다	질투하다	심술 나다	부끄럽다
어색하다	찜찜하다	못마땅하다	불쾌하다

냉담하다	의욕 없다	모욕감을 느끼다	혐오하다
지루하다	슬프다	실망하다	비관적이다
지치다	주눅 들다	우울하다	소외감을 느끼다
가엾다	미안하다	후회하다	외롭다
아쉽다	섭섭하다	그립다	허무하다

작다 ← 불쾌감 → 크다

* 감정 젤리는 예일대 마크 브래킷 교수가 고안한 '무드 미터'를 참고해
유선경 작가가 어린이들이 꼭 알아야 할 감정 중심으로 재구성했습니다.

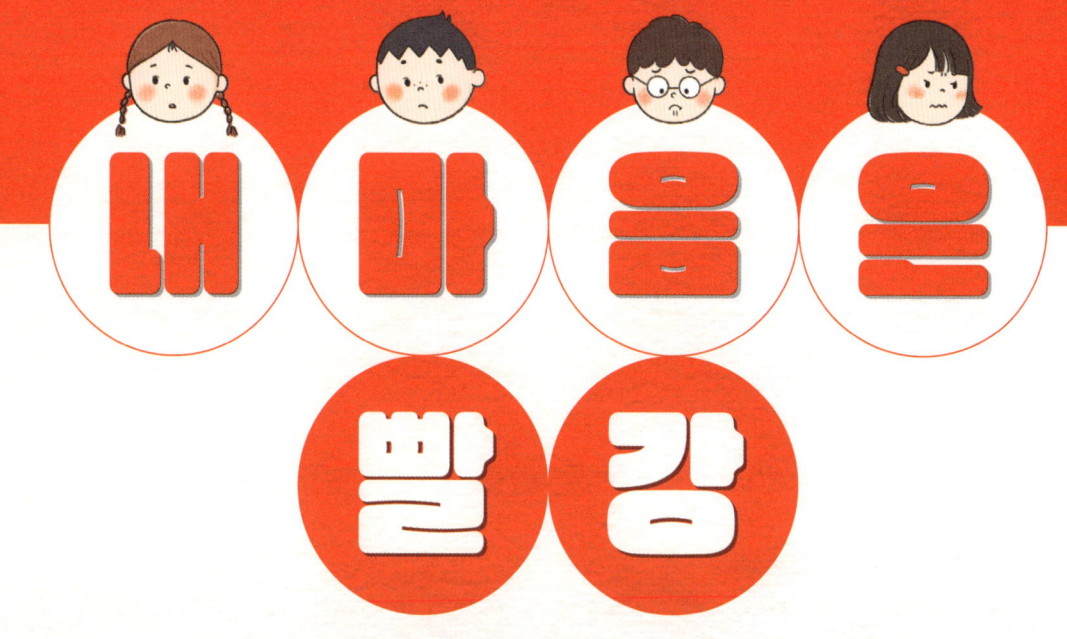

의 감정은 무엇일까?

(초조하다)　(부담감을 느끼다)　(공포를 느끼다)　(분하다)

초조해

'초조함'은 주로 무언가를 간절히 기대하거나 기다릴 때 생기는 감정이야.

기대나 걱정이 클수록 초조한 감정도 커질 거야.

그렇지만 당장 할 수 있는 일은 없어.

우리는 기다려야 할 때가 참 많아.

편안하게 기다릴 때가 있는가 하면 초조하게 기다릴 때도 있어.

두 가지 예를 들어 볼게.

네가 배가 고프다면 급식 시간을 기다릴 거야.

급식 시간이 갑자기 없어지진 않으니까 편안하게 기다릴 수 있어.

뷔페에 갔는데 네가 좋아하는 음식이 나와서 기대감이 커졌어.

그런데 너무 많은 사람이 줄 서 있어.

네 차례가 오기 전에 음식이 다 없어질 거 같아서 초조해.

초조하면 시간이 느리게 가는 것 같아. 일 분이 한 시간 같지.

그러나 시간은 언제나 똑같이 흘러.

가만히 기다리다 보면 기대하는 소식이 도착할 거야.

너의 차례가 반드시 올 거야.

초조하다
- 닥쳐올 일이 걱정돼서 마음이 조마조마하다.
- '바라는 대로 되지 않을까 봐 너무 걱정되고 불안해.'

초조할 때는 엉뚱한 상상을 하자

부모님이나 선생님이 "걱정하지 마.", "불안해하지 마." 라고 말해도
귀에 잘 들어오지 않을 때가 있어. 그렇다면…

생각의 스위치를 끄자. 딸깍!
기대, 걱정, 불안… 무슨 생각이든 그만하는 거야.
작은 방에 몽땅 몰아넣고, 불을 끄고, 문을 닫고 나오는 거지.

생각의 스위치를 끄는 방법

① 다른 데를 쳐다보면서 숨은그림찾기 하듯이 관찰하기

　예) 오늘 구름은 무엇처럼 생겼나?
　　　저 아이가 입은 물무늬 셔츠는 얼룩말을 닮았어

② 엉뚱하고 흥미로운 상상하기

　예) 공룡이 살던 시절에 내가 태어났다면?
　　　어른이 돼서 살 집을 그려 볼까?

③ 어젯밤에 꾼 꿈을 떠올리고 이어지는 이야기를 지어내기

생각의 스위치를 꺼야 할 때를 대비해서
너의 엉뚱하고 흥미로운 상상이나 꿈 이야기를 적어 두자.
초조함이 사라지고,
놀라운 스토리나 발명품이 나올지 몰라.

부담감을 느껴

'부담감'은 어떤 일이나 책임, 의무 등을 떠맡아서 힘들다고 느끼는 감정이야.
마치 누가 나한테 짐을 맡겨서 잘 지켜야 하는 기분이 들어.
같은 일이라도 누구는 부담감을 느끼고, 누구는 부담감을 느끼지 않아.

부담감은 잘해야 한다거나, 이겨야 한다는 마음에서 생겨.
받아쓰기 시험에서 100점을 받아야 한다고 생각하면 부담스럽지만
100점을 받지 못해도 괜찮다고 생각하면 부담스럽지 않아.

'실수하면 어쩌지?', '실패하면 어쩌지?'
'부모님이나 친구를 실망시키면 어쩌지?', '잘할 수 있을까?'
이런 두려움이나 걱정이 들게 하는 일을 맡으면 누구나 부담감을 느껴.
마치 원하지 않는 짐을 떠안은 것처럼 말이야.

부담감은 학년이 올라갈수록 무거워지는 책가방하고 비슷해.
어떤 아이한테는 거뜬하지만, 어떤 아이한테는 무거워.
그런데 부담감에는 비밀이 있어.
하고 싶어서 스스로 맡았다면 힘을 낼 수 있을 거야.
원하지 않는 것을 억지로 맡았다면 훨씬 더 무겁게 느낄 거야.

부담감을 느끼다

- 어떤 일이나 책임, 의무 따위를 떠맡아서 힘들다고 느끼다.
- '내가 잘할 수 있을까?'

부담감을 느낄 때는 당연하다고 말해 보자

부담감을 느낄 때 "잘할 수 있어!", "이길 수 있어!", "떨지 않겠어!"라고
말하는 것은 큰 도움이 되지 않아.
오히려 부담감이 더 커질 수 있거든.
그러니까 반대로 말해 보는 거야.
"못할 수도 있지.", "질 수도 있지.", "떨리는 게 당연해."
잘하는 법, 이기는 법을 아는 것도 필요하지만
못하는 것, 지는 것, 떨리는 것을 두려워하지 않는 자세를
익히는 것이 더 중요해.
그래야 쉽게 기죽지 않고 계속 도전할 수 있어.

 잘해야 한다는 생각 때문에 부담감을 느끼는 일이 있어?

부담감을 느낄 때는 어떻게 해야 할까? 배운 것을 써 보자.

① _____ 을 잘 못하면 어떻게 하지?

| 못 | 할 | 수 | 도 | 있 | 지. |

② _____ 에서 지면 어떻게 하지?

| 질 | 수 | 도 | 있 | 지. |

③ 잘 못할까 봐, 질까 봐 너무 떨려.

| 떨 | 리 | 는 | 게 | 당 | 연 | 해. |

잘할 수도 있지만 못할 수도 있어.
이길 수도 있지만 질 수도 있어.
그럴 수 있어.

 ## 공포를 느껴

'공포'는 무서워서 위험하다고 느끼는 감정이야.

겁에 질려서 어쩔 줄 모르는 상태가 되지.

'공황 상태에 빠졌다'라고도 표현해.

공포를 느끼면 무릎에서 힘이 빠져 몸이 후들거리고 움직이기 힘들어.

숨을 헐떡이고 진땀이 나고 울음이 터질 수 있어.

사람에 따라 특정한 대상이나 장소에서 공포를 느낄 수 있어.

벌레를 예로 든다면, 누구는 무서워하지만 누구는 공포를 느껴.

(물론 벌레를 좋아하는 사람도 있지.)

그 밖에 까마득히 높은 곳이라든가, 깊은 바다, 컴컴한 방 등이 그래.

(물론 이러한 것들을 좋아하는 사람도 있어.)

아주 드문 경우지만 사람이 공포의 대상이 되기도 해.

어떤 경우든 공포를 느낀다면 절대 혼자서 참거나 이겨 내려고 하지 마.

너는 아직 어리기 때문에 네 힘으로 해결하기 힘든 마음의 문제들이 있는데

공포가 그래.

"저, 너무 무서워요!"

어른에게 알리고 함께 있어 달라고 해야 해. 알았지? 꼭!

 공포를 느끼다

- 두렵고 무서운 느낌이나 기분을 가지다.
- '너무 두렵고 무서워서 피가 다 얼어붙는 것 같아.'

공포를 느낄 때는 도움을 청하자

 너에게 공포감을 주는 것이 있어? 무엇인지 글로 쓰거나 그려 보자.

 위 내용 때문에 나쁜 경험을 한 적이 있어?

공포를 느낄 때 도움을 청할 사람이 있어? 어떻게 도움을 청할지 적어 보자.

공포를 느낄 때는 주변의 어른에게 무섭다고 표현하자. 이렇게 말이야.

"나 무서워요!"
"도와주세요!"
"안아 주세요!"

그래야 너의 몸과 마음을 안전하게 보호할 수 있어.
기억해.
너의 몸과 마음을 안전하게 보호하는 것이 가장 중요해.

분해

'분'은 화에 슬픔이 더해진 감정이야.
남에게 당한 일 때문에 화가 나는데
가슴이 답답해지면서 마구 눈물이 날 때가 있지?
분해서 그래.

분한 마음은 '억울함'에서 생겨.
억울함은 아무 잘못 없이 꾸중을 듣거나 벌을 받아서 화가 나는 감정이야.
억울함이 해결되지 못하면 화에 슬픔이 내려앉아.
'내가 어려서 그래.', '내가 작아서 그래.', '내가 못나서 그래.'
자신의 처지나 환경을 비관하는 거지.
비관은 자신을 보잘것없는 존재로 비추는 거울과 같아.
너를 틀리게 비추고 있어.
틀린 거울을 계속 들여다보면 점점 더 슬퍼져.

화와 슬픔이 만나면 복수를 꿈꾸기도 해.
많은 소설이나 영화 등에서 어리고 힘이 약한 주인공이
자기 부모를 해친 원수에게 복수를 다짐하는 장면을 본 적 있지?
그 감정이 바로 분이야.

분하다

- 억울한 일을 당해서 화나다.
- '너무 억울해서 걷잡을 수 없이 화가 나! 그런데 왜 눈물이 나지?'

분할 때는 억울함을 풀자

분해서 스스로를 비관하는 상태가 되지 않으려면 '억울함'을 풀어야 해.
너무 억울하면 말이 제대로 나오지 않고 울음부터 나올 거야.
울면서 제대로 말을 할 수는 없어. 그러니까 일단 실컷 울자.

 "엉엉~"

 자, 이제 말을 해 볼까?
억울하다고 느낀 적이 있어? 무슨 일 때문이었어?

이제 그 이야기를 너를 억울하게 만든 사람에게 가서 말하자.
'내가'로 시작하는 것이 중요해.

'불쾌하다' 편(79쪽)의 대화법을 참고하자.
자, 너의 억울한 감정을 나로 시작하는 말로 정리해서 여기 써 볼까?

⭐ 나는 억울함을 느껴(요).

자유롭게 써 봐요

내 감정과 생각을 올바르게 전달했는데도 상대에게 변화가 없다면
부모님이나 선생님에게 알리고 도움을 청하자.

 의 감정은 무엇일까?

긴장하다 예민하다 좌절하다 화나다

긴장돼

'긴장'은 어떤 일을 앞두고 조마조마하게 느끼는 감정이야.

잘 해내고 싶은 의욕과 못할까 봐 불안한 감정이 섞여 있어.

잘 해내고 싶어서 정신을 바짝 차리고 집중하지만

불안해서 손이나 등, 배가 딱딱해지는 것 같아.

중요한 일을 할 때 어느 정도의 긴장은 필요해.

그래야 집중할 수 있거든.

많이 긴장한다면 그만큼 잘하고 싶다는 뜻이기도 해.

잘하고 싶은 마음이 드는 것은 무척 기특한 일이야.

하지만 심하게 긴장해서 몸이 뻣뻣하게 굳으면

열심히 쌓아 온 실력을 제대로 드러내지 못할 수 있어.

그러면 너무 아쉬울 거야.

 긴장하다

- 마음을 조이고 정신을 바짝 차리다.
- '잘해야 해.'

긴장될 때는 잘해야 한다는 생각을 버리자

잘하고 싶은 일을 해내기 위해서 얼마나 노력했는지 떠올려 보자.

충분히 노력했다면?	노력이 부족했다면?
스스로를 믿어. 약간의 긴장은 집중에 도움이 될 수 있어. 긴장을 즐겨.	만족스러운 결과를 얻기 힘들 거야. 과정을 즐겨.

'결과가 좋아야 한다'는 생각을 버리고
'즐겁게 하자'라고 생각하면 긴장을 풀 수 있어.
어떤 결과든 너에게 값진 경험이 될 거야.
'긴장'을 가슴이 울리는 팡파르로 생각하면 어떨까?
지금까지 준비한 일을 선보일 무대가 시작됐다고 말이지.

  네가 잘하고 싶은 일은 뭐야?

네가 잘하고 싶은 일을 잘 해낸 너의 모습을 상상해 보자.
기분이 어때?

예민해

'예민함'은 자극에 대한 반응이 빠르고, 자극에 쉽게 영향을 받는 감정이야.
쉽게 말해서 자극이 2나 3 정도인데 5나 6으로 크게 느낀다는 뜻이야.

우리는 눈과 귀, 코, 입을 통해 보고, 듣고, 냄새를 맡고, 먹어.
예민하면 눈과 귀, 코, 입을 통해 들어오는
모습과 소리, 말, 냄새, 음식 등을 날카롭게 느끼기 때문에
편하지 않고 괴로울 때가 많아.
친구나 부모님, 선생님에게 괜히 짜증이 나거나 섭섭해지기 쉽지.
별거 아닌 일에도 말이야.
심지어 "별거 아닌 일로 왜 그러냐?"라는 말에도 짜증이 나.
그러면서도 내가 왜 이러는지 이유를 알 수 없어서 답답해.
마음이 마치 털을 뾰족뾰족하게 세운 고슴도치 같아.

 **예민하다**

- 자극에 대한 반응이 빠르거나 자극에 쉽게 영향을 받다.
- '나를 조심스럽게 대해 주세요.'

예민할 때는 스스로를 편안하게 해 주자

고슴도치가 뾰족뾰족하게 털을 세우면 어떻게 해야 할까?
스스로 편안해질 수 있도록 해 줘야겠지?

몸이 지치거나 불편하면 예민해질 수 있어.	걱정거리가 생겨도 예민해질 수 있어.
몸의 문제라면 불편한 요소를 없애는 방법을 생각해 보자.	걱정 때문이라면 앞에 나온 '걱정하다' 편(47쪽)을 참고해 도움을 받자.

예민할 때는 눈과 귀로 들어오는 자극을 줄이는 것이 좋아.
대표적으로 텔레비전이나 게임, 핸드폰, 떠들썩한 소음 같은 것들이지.
그런 것들을 피해 내가 나를 고요하고 편안하게 해 주자.
좋아하는 책을 읽거나 음악을 들어도 좋고,
너에게 다정한 사람과 대화를 나누거나 운동을 하는 것도 좋아.
예민할 때는 여러 사람과 어울리는 일을 피하자.
아직 뾰족뾰족하게 털을 세운 고슴도치 상태라서
누군가에게 상처를 주는 말이나 행동을 하거나
평소 같으면 아무렇지 않을 일에 네가 상처받을 수 있거든.

 너를 고요하고 편안하게 해 주는 작고 소중한 것들이 있을 거야.
어떤 것들이야?

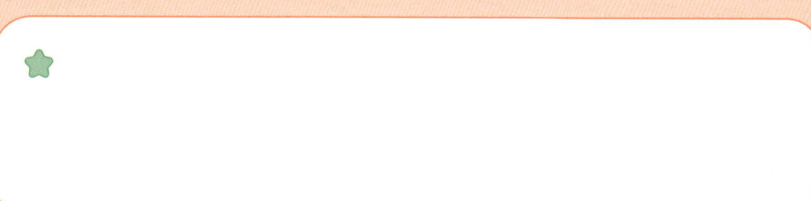

좌절했어

'좌절'은 바라던 일이 뜻대로 되지 않아서
마음이 상하거나 기운이 꺾이면서 생기는 감정이야.

잘하고 싶던 의욕도, 신나게 했던 열정도 사라지고 기운이 쑥 빠져.
부모님이 실망할까 봐, 친구들이 무시할까 봐 불안해.
실패하거나 지는 게 두려워서 다시 하고 싶지 않기도 해.
왜 내가 바라던 대로 되지 않는지 화가 치밀고,
바라는 것을 이루지 못하는 자신이 부끄러워.

좌절에는 여러 감정이 뒤섞여 있어.
괴로운 감정이지만 네가 앞으로 겪을 감정이기도 해.
어릴 때 패배를 인정하고, 좌절을 다루는 방법을 익히면
앞으로 어떠한 일이 생겨도 마음을 안전하게 지키며 성장할 수 있어.

좌절은 실력이 부족하니까 이제 그만 포기하라는 뜻이 아니야.
이루고 싶은 꿈을 이루기 위해 필요한 덕목들을
갖출 수 있도록 단련하는 과정이야.
예를 들어 인내력, 끈기, 도전 정신 같은 것들이지.

좌절하다

- 바라던 일이 뜻대로 되지 않아 마음이 상하거나 기운이 꺾이다.
- '내 안에서 나를 지탱하고 있던 무언가 뚝 부러진 것 같아.'

너는 좌절을 견딜 수 있는 힘을 이미 가지고 있어.

포기하지 않고 다시 일어설 때마다 그 힘은 점점 커질 거야.

힘이 커지면 스스로를 믿는 자신감을 가질 수 있지.

자신감은 너의 인생을 네가 원하는 방향으로 이끄는 엔진과 같아.

자신감을 가지고 좌절을 가뿐히 타고 넘자.

높은 파도를 신나게 즐기는 멋진 서퍼처럼 말이야.

 높은 파도를 즐기는 서퍼가 된 네 모습을 그려 보자.

좌절할 때는 미래의 너를 떠올리자

네가 꼭 이루고 싶은 일은 뭐야?

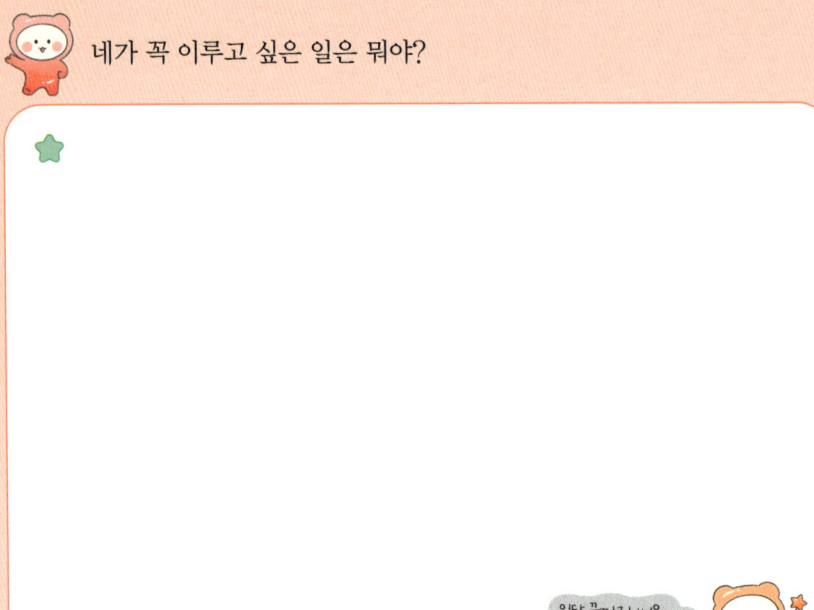

네가 이루고 싶은 일을 이룬, 네가 닮고 싶은 사람이 있어?

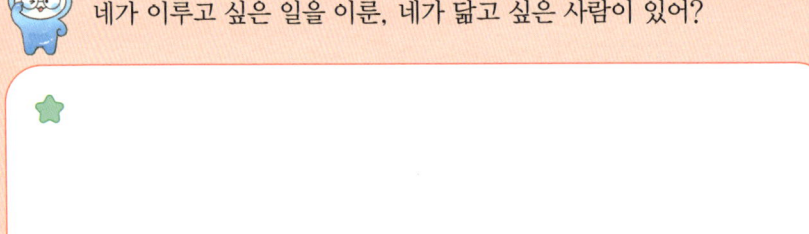

네가 바라는 대로 이루고, 멋지게 성장한 미래의 너를 글이나 그림으로 표현해 보자.

 미래의 너는 지금의 너에게 뭐라고 말할까?

이루고 싶은 것을 한번에 쉽게 이루는 경우는 거의 없어.
우리는 좌절을 통해 소중한 것들을 배우고 멋지게 성장해.
한 번도 좌절하지 않은 사람은 한 번도 도전해 보지 않은 사람이야.
도전과 실패를 두려워하지 말고,
실패해서 좌절할 때는 미래의 너를 떠올리며 대화를 나눠 봐.
그 순간의 감정을 기억해.

화가 나

'화'는 거칠고 견딜 수 없는 감정이야.

못마땅함, 불쾌함, 샘, 질투, 심술, 억울함 등이

100°C에서 끓는 물처럼 뜨겁게 부글거린다면?

마음에 그런 일이 벌어지는 것이 바로 화야.

화는 생각을 멈추게 하고, 심하면 괴물처럼 날뛰게 만들어.

화가 난다고 소리를 지르거나 욕하거나

물건을 던지거나 사람을 때리는 등의 행동을 하는 아이가 있어.

잘못한 행동에 표시하자

- ☐ 화가 나는 것
- ☐ 화를 내는 것
- ☐ 소리를 지르는 것
- ☐ 욕설을 하는 것
- ☐ 물건을 던지는 것
- ☐ 사람을 때리는 것

 화나다

- 거칠고 견딜 수 없는 기분이 생기다.
- '부글부글 끓어올라서 참기 힘들어.'

화가 나는 것이나 화를 내는 것은 잘못이 아니야.

때로는 화를 낼 필요가 있어.

예를 들어 부당함이나 정의롭지 못한 일에 맞서는 것은 화의 힘이야.

화는 무조건 참거나 억누르지 말고 해결해야 하는 감정이야.

그래야 마음이 건강하게 숨 쉴 수 있어.

하지만 화를 표현하는 방식에는 분명히 잘함과 잘못함이 존재해.

올바르게 표현하면 부글부글 끓는 화를 가라앉히고 문제를 해결할 수 있어.

올바르지 못하게 표현하면 상대와 나에게 상처를 입히고 문제를 더 크게 만들지.

화날 때는 상대의 생각을 물어보자

 누가 무엇 때문에 너를 화나게 했어?

⭐

예 한 친구가 학급 활동을 제대로 하지 않아서 다른 친구들에게 피해를 주는 게 화가 났어.

네가 화가 난 이유가 이런 이유 때문인지 확인하자

☐ 내 생각이 옳아　　　　☐ 내가 맞아

☐ 이렇게 하는 게 당연해　☐ 네가 잘못했어, 너는 이렇게 해야 해

사람은 모두 달라. 생각도 다르고, 할 수 있는 것도 저마다 달라.
너한테 쉬운 일이 다른 사람한테 어려울 수 있고,
너는 옳고, 맞고, 당연하다고 생각하는 것이
다른 사람에게는 그렇지 않을 수 있어.
네 생각만 고집하면 점점 더 많이 화가 날 거야.
우선 상대의 생각은 어떤지 묻고 들어보자.

 왜 안 했어? 너 때문에 우리 모두 피해를 당했잖아!

 하지 못한 이유가 있어? 혹시 도움이 필요해?

상대의 생각은 궁금해하지 않고 잘못을 지적하는 말투야. 상대가 상처를 입을 거야.

상대의 생각을 궁금해하고 함께 상황을 해결할 수 있는 대화법이야.

만약 대화로 해결할 수 없는 상황이라면 몸을 힘차게 움직이자.
밖으로 나가서 자전거를 타거나 달리기를 하는 거야.
몸을 움직이는 데 집중하면 화가 빠져나갈 거야.

의 감정은 무엇일까?

당황하다 — 걱정하다 — 불안하다 — 무섭다

당황했어

'당황'은 익숙하지 않은 일이나 예상하지 못한 일이 벌어질 때 생기는 감정이야.
들키고 싶지 않은 것을 들킬 때도 당황하지.

여러 가지 감정이 뒤죽박죽으로 엉켜서
지금 어떤 일이 벌어졌는지 정확히 모르겠고
어떻게 반응해야 할지 알기 힘들어.
얼굴이 빨개지거나 땀이 나.

감정이 뒤엉킨 상태로 행동하거나 말하면 허둥지둥해서 실수하거나
없는 말을 지어내서 책임을 피하려고 할 수 있어.
또 뭐가 뭔지 알 수 없기 때문에 불안으로 커질 수 있어.
그러기 전에 우선 마음을 차분하게 가라앉히는 게 필요해.

당황하다

- 예상하지 못한 일이 벌어져서 놀라고 어쩔 줄 모르다.
- '어떻게 해야 할지 모르겠어.'

당황할 때는 주문을 외우자

당황할 때는 우선 뒤엉켜서 어지러운 마음부터 차분하게 가라앉히자.
그러려면 필요한 주문이 있어.
"괜찮아.", "괜찮아.", "괜찮아.", "별일 아니야."

그다음에는 한 가지에만 집중하자.
"지금 무슨 일이 벌어진 거지?"

예를 들어, 너는 방귀를 뀌지 않았는데 친구가 "네가 방귀 뀌었지?" 하고 큰 소리로 말했어.

당황한 감정을 가라앉히지 않은 채 반응한다면?	당황한 감정을 '괜찮아' 주문으로 가라앉힌 뒤 반응한다면?
내가 하지 않은 것을 했다고 해서 불쾌하거나 화가 날 거야.	"내가 뀌지 않았는데 왜 그렇게 말하는 거야?"라고 물을 수 있어.

친구가 "네가 방귀 뀌었지?"라고 말한 그 한 가지에만 집중해서 반응해 보자.
다른 사람들이 어떻게 볼지는 생각하지 말고.

그런데 정말로 네가 방귀를 뀌었다면
'괜찮아, 괜찮아, 괜찮아, 별일 아니야.' 주문을 외우고
"그래, 내가 뀌었어!"라고 당당하게 인정하자.
당당할수록 아무도 너를 비웃거나 흉보지 않을 거야.

걱정돼

'걱정'은 나쁜 일이 생길까 봐 조마조마한 감정이야.

걱정이 심하면 피부가 따끔거리거나 배가 아플 수 있어.

나쁜 일에는 두 가지가 있어.

'해결할 수 있는 것'과 '해결할 수 없는 것'.

그래서 걱정도 두 가지 종류가 있지.

'해결할 수 있는 걱정'과 '해결할 수 없는 걱정'.

해결할 수 있는 걱정이라면 힘내서 해결 방법을 마련하고,

해결할 수 없는 걱정이라면 내버려두고 다른 것에 관심을 돌리자.

너를 즐겁게 해 주는 일일수록 더욱 좋아.

해결할 수 있는 문제와 해결할 수 없는 문제를 구분하기는

'지혜'의 시작이야.

숙제나 게임, 성격이나 말투, 태도 등은 너의 힘으로 해결할 수 있어.

외모나 남의 성격, 감정, 날씨 등은 너의 힘으로 해결할 수 없어.

너의 힘으로 해결할 수 없는 걱정을 계속하는 것은

마음에 먹구름을 만들어 놓고 커다랗게 부풀리는 것과 같아.

먹구름이 햇빛을 가리듯이 즐거움과 기쁨이 사라지고 불평과 불만만 가득해져.

 걱정하다

- 나쁜 일이 일어날까 봐 속을 태우다.
- '나쁜 일이 생기면 어떡하지?'

걱정거리를 구름에 적어 보자

구름에 적은 걱정을 보면서 다음을 확인하자.

네 힘으로 해결할 수 있는 걱정이야?	네 힘으로 해결할 수 없는 걱정이야?
그렇다면 "해결책을 찾아보자!" 외치고 걱정 구름을 비처럼 길게 찢어서 공중에 뿌리자.	그렇다면 "걱정해도 소용없는데 사라져 버려! 나는 즐거운 생각을 할 거야!" 외치고 걱정 구름을 눈처럼 잘게 찢어서 공중에 휘날리자.

너의 걱정은 어떤 걱정이야?
비야? 눈이야?

불안해

'불안'은 편안하지 않은 감정이야.

나를 안전하게 지켜 주고 보호해 줄 거라는 믿음이 부족한 데서 생겨.

불안하면 심장이 빨리 뛰고 호흡도 빨라질 수 있어.

'엄마가 데리러 오지 않으면 어떻게 하지?' 불안하다면
엄마를 믿지 못해서 그래.
'자동차를 타고 가다가 사고가 나면 어떻게 하지?' 불안하다면
자동차를 믿지 못해서 그래.
그런 일을 실제로 겪어 봐서 불안할 수 있고,
한 번도 겪어 본 적 없어도 불안할 수 있어.

불안하면 아무것도 할 수 없어.
물에 빠질까 봐 불안하면 수영을 할 수 없고,
친구가 나를 싫어할까 봐 불안하면 친해질 수 없지.
공부를 못할까 봐 불안하면 공부하고 싶지 않을 거야.
불안이 아무것도 못 하게 너를 꽉 붙잡아 매고 있는 셈이지.
그러면 새로운 경험을 하지 않으려고 자꾸 피하게 돼.

 불안하다

- 마음이 편안하지 않고 어수선하다.
- '아무도, 아무것도 믿지 못하겠어.'

불안할 때는 가슴 풍선을 만들자

불안하면 심장이 빨리 뛰고 호흡도 빨라져.
심장이 빨리 뛰면 더 불안해져.
심장 박동과 호흡부터 편안하게 가라앉히자. 이렇게 말이야.

> ① 숨을 깊이 들이마셔서 가슴을 풍선처럼 커다랗게 부풀린다.
> ② 속으로 '하나, 두울, 세엣, 네엣, 다서엇' 하고 느리게 숫자를 센다.
> ③ 숫자를 셀 때마다 조금씩 숨을 뱉으며 가슴 풍선의 바람을 천천히 뺀다. 위의 과정을 마음이 진정될 때까지 반복한다.

그리고…
불안했지만 조금 용기를 냈을 때,
불쾌하거나 위험한 일이 벌어지지 않고
안전하고 즐거웠던 경험을 떠올려 보자.
엄마가 늦게라도 너를 데리러 왔어.
바다에 빠져서 조금 물을 먹기는 했지만 물놀이가 신났어.
친구가 네 장난감을 함부로 다뤄서 불안했지만 함께 놀아서 즐거웠어.

그런 일들을 떠올려 보자.

불안할 때는 안전하고 즐거운 경험을 떠올리자

 불안했지만 막상 해 보니까 안전했고, 즐거웠던 적이 있어?
그 경험을 여기 적어 보자.

 막상 해 보고 나서 기분이 어땠어?

불안했지만 극복하고 해낸 일은 뿌듯한 경험이 될 수 있어.

단, 주의 사항! 계속 심장이 뛰고 호흡이 가쁘다면
억지로 이겨 내려 하지 말고 주변의 어른에게 도움을 구하자.

무서워

'무서움'은 금방이라도 나쁜 일이 일어날 거 같아서 겁이 나는 감정이야.
무서움을 느끼면 무릎이 떨리고, 다리가 풀리고, 숨고 싶어져.

무서운 일은 되도록 겪고 싶지 않겠지만
무서움이라는 감정은 사람에게 꼭 필요해.
위험을 알아차리고 얼른 자신을 보호하라는 신호이기 때문이야.
무서움을 전혀 느끼지 않는다면 위험한 사건이나 사고가 날 수 있어.
그래서 무서움을 느끼거나 겁이 나는 것은 부끄러운 일이 아니야.
무서움을 느끼기 때문에 조심할 수 있거든.

그런데 실제로 위험한 일이 일어나지 않았고
일어날 가능성이 없는데도 무서울 때가 있어.
천둥이나 번개가 치면 곧 비가 내린다는 신호인데
하늘이 무너지는 것 같아서 무서워.
꿈에 나타난 괴물이 무서워서 눈물이 나오기도 하지.
상상인데 실제처럼 너무 생생해.
실제와 상상을 구분하면 무서움에서 조금씩 벗어날 수 있을 거야.

 무섭다

- 금방이라도 나쁜 일이 일어날 거 같아서 겁이 나다.
- '위험할지도 몰라. 조심해!'

무서울 때는 실제와 상상을 구분하자

너를 무섭게 하거나 겁먹게 하는 것은 뭐야?
글로 쓰거나 그림으로 그려 보자.

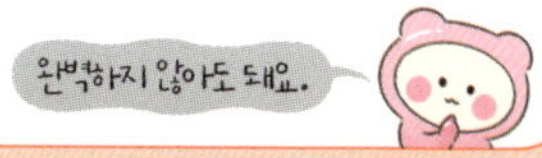

⭐

완벽하지 않아도 돼요.

얼마나 무서웠어? 1부터 5까지 단계로 표현한다면 몇 단계야?

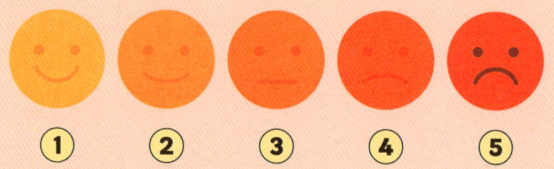

 그것은 실제야, 아니면 상상이야?

 무서웠지만 용기를 내서 했더니 괜찮았던 기억을 떠올려 보자.

의 감정은 무엇일까?

샘나다 　 질투하다 　 심술 나다 　 부끄럽다

 # 샘나

'샘'은 자기보다 나은 처지에 있는 사람을 미워하는 감정이야.

네가 받고 싶은 사랑이나 칭찬을 받고 있는 아이,

네가 갖고 싶은 물건을 가진 아이,

네가 이루고 싶은 것을 이룬 아이를 봤을 때

너는 그러지 못하고 있다는 마음에 그 아이가 밉다고 느낀다면

샘나는 거야.

그런데 똑같은 상황인데 밉지 않고 좋다고 느낄 수 있어.

이때 감정은 '부러움'이야.

샘과 부러움의 차이는

네가 가지고 싶은 걸 가진 상대가

미워 보이느냐, 좋아 보이느냐에 있어.

 **샘나다**

- 남이 가진 물건이나 처지를 탐내거나 자기보다 나은 처지에 있는 사람을 미워하다.
- '내가 가지고 싶은 걸 가졌어. 그래서 네가 미워.'

샘날 때는 미워하지 말자

 샘날 때가 있다면 어떨 때야?

 샘나는 아이가 미웠어? 얼마나 미웠어?

이제 그 '샘'에서 '미움'을 빼 보자.

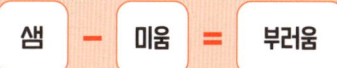

정작 상대는 너에게 잘못한 게 없어.
무엇보다 누군가를 미워하면 마음이 괴로워.
이번에는 부러움에 대해 이야기해 볼까?

부러울 때는 상대의 장점에 감탄하자

'부러움'이라는 감정에는 놀라운 비밀이 숨어 있어.
누군가 부럽다면, 장점을 발견했다는 뜻이거든.

 누군가의 장점을 발견하는 것은 멋진 특기야.
여기에 네가 아는 사람들의 장점을 써 볼까?

⭐

누군가의 장점을 발견할 때마다 샘을 내면 속 좁은 사람이 되고 말아.
대신 감탄하거나 칭찬하면 그때마다 멋진 사람이 될 거야.

질투 나

'질투'는 샘나서 괜히 미워하고 깎아내리고 싶은 감정이야.
정작 상대는 미운 행동을 하거나 잘못한 것이 없는데 말이지.

질투는 자기와 남을 비교할 때 생겨.
'비교'가 꼭 나쁘지는 않아.
때로는 잘하고 싶다는 동기를 주거든.

문제는 비교하면서 질투를 느낄 때야.
앞으로 살면서 다양한 장점을 가진 사람을 많이 만날 거야.
그때마다 질투하면서 상대가 잘못되기를 바란다면
마음이 괴로움으로 가득 차서 즐거움이 사라질 거야.
남과 비교할 때는 이 말을 기억해.

"남이 행복하거나 성공했다고
내가 불행하거나 실패했다는 뜻이 아니야.
남은 남이고, 나는 나야.
남은 내가 될 수 없고, 나도 남이 될 수 없어.
그렇지만 함께 즐겁게 지낼 수는 있어."

질투하다

- 샘나서 괜히 미워하고 깎아내리다.
- '별로라고, 못한다고, 좋지 않다고 깎아내리자.'

질투 날 때는 나의 장점을 떠올리자

'나도 이만하면 괜찮지' 하는 점을 열 개 찾아서 써 보자.

 (사실은 백 개도 넘겠지만….)
오늘 하루 잘한 일이나 스스로 생각하기에 기특한 일을 써도 좋아.

1.
2.
3.
4.
5.
6.
7.
8.
9.
10.

예 엘레베이터에서 이웃에게 먼저 인사했다.

남에게 축하할 일이 있다면 함께 기뻐하며 축하하자.
나에게 축하할 일이 생기면 함께 기뻐하며 축하해 줄 거야.
남의 장점을 발견하면 감탄하고 칭찬하자.
나의 장점을 발견하면 감탄하고 칭찬해 줄 거야.
함께 더 신나고 즐겁게 지낼 수 있을 거야.

매일매일 보물찾기하듯 서로의 장점을 발견하고 감탄하고 칭찬하자.
물론, 네가 너의 장점을 발견하고, 감탄하고, 칭찬하기도 잊지 말기.

심술 나

'심술'은 원하는 걸 들어줄 때까지 남을 골리고 싶은 감정이야.

원하는 대로 되지 않으면 누구나 심술이 날 수 있어.

그런데 심술이라는 감정이 생기는 것과

심술 나는 대로 행동하는 것은 완전히 다른 문제야.

예를 들어서

네가 갖고 싶은 장난감을 엄마가 사 주지 않으면 심술이 날 수 있어.

심술 나는 것은 나쁜 일이 아니야.

그렇지만 괜한 고집을 피우거나 짜증을 내거나

남을 괴롭히는 식으로 심술을 부린다면 옳지 못해.

만약에 마음에서 심술보가 슬금슬금 부풀어 오르는 느낌이 든다면 이렇게 말하자.

"내 심술보가 커지고 있어."

말로 표현하기 어렵다면 손바닥에 '심술보'라고 쓰고

주먹을 쥐었다가 폈다가 일곱 번 해 보자.

그런 다음 손바닥을 펴 보자. 심술보가 아까보다 희미해진 걸 볼 수 있을 거야.

심술 나다

- 잘못된 고집을 피우는 마음이 생기다.
- '내 마음을 몰라줘서 속상해.'

심술 날 때는 마음을 몰라줘서 속상하다고 말하자

 아빠, 엄마, 선생님, 친구가 너의 마음을 몰라줄 때는 어떨 때야?

 그때 어떻게 말하거나 행동했어?

앞으로 심술이 날 때는 이렇게 말하자.
"내 마음을 몰라줘서 속상해."

자기가 좋아하는 사람이 마음을 몰라주면 속상해.
알아줄 때까지 괜히 고집을 피우거나
그들이 하는 일을 방해하면서 심술부리고 싶어지지.
그런데 실제로 그런 행동을 하면 나중에 부끄러워질 거야.

우리는 왜 마음을 있는 그대로 말하지 못할까?
"내 마음을 몰라줘서 속상해."라고 말하면
심술 나지 않을 텐데 말이야.
말하지 못하는 건, 어쩌면 부끄러워서가 아닐까?

부끄러워 ❶

'부끄러움'은 두 가지 다른 상황에서 느낄 수 있어.

어색한 친구에게 말을 걸기 전에 망설인 적 있어?
"나를 이상하게 보면 어쩌지?" 하는 걱정이 들면서 말이야.

이때의 부끄러움은 남이 너를 어떻게 볼까 조심하느라
생각이나 감정을 표현하지 못하는 감정이야. '수줍음'이라고도 부르지.
다른 아이에게 먼저 인사하거나 같이 놀자고 말하는 게 부끄러워.
가슴이 콩닥콩닥 뛰고 얼굴이 당근처럼 붉어져.
부끄러움(수줍음)이 많으면 자기 생각이나 감정을 표현하기 힘들어.
이때 아무도 너의 감정이나 생각을 몰라준다면 갑갑할 거야.

- 하는 행동이 자연스럽지 못하고 수줍다.
- '나를 이상하게 보면 어쩌지?'

부끄러울 때는 감정과 생각을 표현하자 ❶

감정이나 생각을 남에게 말로 표현하는 것이 힘들면
네가 가장 좋아하는 인형 등에게 털어놓자.
너만의 일기장을 마련해서 글로 쓰는 것도 좋은 방법이야.
용기를 내서 역할극을 해 보는 것도 도움이 될 거야.

 부끄러워서 못 한 말이나 일이 있어? 어떤 말이나 일이었는지
여기 털어놓자.

남에게 감정이나 생각을 표현하고 나서
후련해진 마음을 언젠가는 직접 경험해 봤으면 좋겠어.
그건 생각보다…
훨씬 따뜻하고 안심이 돼.

 **부끄러워 ❷**

"내가 실수한 거 같아.", "내가 잘못한 거 같아."

이때의 부끄러움은 자신이 실수하거나 잘못한 사실을 알아서
떳떳하지 못한 감정이야.
실수하거나 잘못한 순간 누가 너를 지켜보는 것 같을 때가 있잖아?
그러면 마음에 빨간 신호등이 켜져서
멈칫거리거나 신호등처럼 얼굴이 빨개져.

부끄러움은 나쁜 감정이 아니야.
부끄러움을 느낄 수 있어서 우리는
자신이 실수하거나 잘못한 사실을 알아차릴 수 있어.
이런 부끄러움을 느끼게 하는 마음을 '양심'이라고 해.
양심은 우리에게 규칙을 일깨우고
올바르게 성장할 수 있도록 이끌어 주지.

 **부끄럽다 ②**

- 일을 잘못하거나 양심에 걸려서 떳떳하지 못하다.
- '내가 잘못한 거 같아.'

부끄러울 때는 감정과 생각을 표현하자 ❷

실수하거나 잘못을 해서 부끄러움을 느낀 적 있어?

⭐

어떤 실수나 잘못이었어?

⭐

그때로 돌아갈 수 있다면 어떻게 다르게 행동하거나 말하고 싶어?

⭐

부끄러움을 느끼면 피하거나 도망치고 싶겠지만
용기를 내서 자신의 실수나 잘못을 들여다보고 인정하자.
그러고 나면 네 마음의 그릇이 커진 걸 느낄 수 있을 거야.

 의 감정은 무엇일까?

어색하다 — 찜찜하다 — 못마땅하다 — 불쾌하다

어색해

'어색하다'는 잘 모르거나
나와 다를 거 같은 사람을 만나서 자연스럽지 못한 감정이야.
지금은 친하게 지내는 친구를 처음 만났을 때를 떠올려 봐.
그때 느꼈던 감정이 '어색함'이야.

어색함은 '처음'에서 생기는 경우가 많아.
사람뿐 아니라 물건이나 장소, 상황도 처음에는 어색하지.
친해지고 익숙해지려면 서로 알아 가는 시간이 필요해.
빨리 친해지려고 조급해할 필요 없어.
친해지고 익숙해지려면 시간이 좀 더 지나야 해.

그런데 친한 사이라도 어색할 때가 있어.
다툰 다음에 괜히 서먹해져서 먼저 말 걸기 어려울 때 있잖아.
그 감정도 어색함이야.

 어색하다

- 잘 모르거나 나와 다를 거 같은 사람을 만나서 자연스럽지 못하다.
- '평소대로 편하게 말하거나 행동하기 힘들어.'

어색할 때는 인사를 건네자

먼저 인사를 나누자.
인사는 어색함을 풀 수 있는 열쇠와 같아.
무엇보다 사람과 사람 사이의 기본적인 예의지.
눈을 마주치고 상냥하게 미소를 지은 다음에
"안녕?"이라고 인사를 건네고 너를 소개하는 거야.

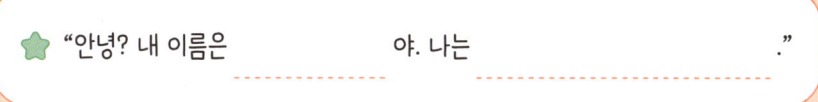

⭐ "안녕? 내 이름은 ＿＿＿＿＿ 야. 나는 ＿＿＿＿＿＿＿＿＿＿＿＿."

서로 인사를 나눈 다음에는 질문을 하는 것도 좋아.
상대가 쉽게 대답할 수 있는 질문을 골라 보자.
예를 들어 무엇을 좋아하는지, 무엇을 할 때 재밌는지 같은 질문 말이야.
어떤 질문을 해 볼까?

⭐ "너는 ＿＿＿＿＿＿＿＿＿＿＿＿＿＿＿＿＿＿＿?"

서로 아는 사이가 되면 어색함이 조금씩 저절로 사라져.

주변에 어떤 아이가 어색한 감정을 느껴서
너와 쉽게 어울리지 못하는 거 같다면
먼저 다가가서 방금 적은 인사와 질문을 건네자.

찜찜해

'찜찜하다'는 마음에 걸려서 떨어지지 않는 느낌이 드는 감정이야.

스티커를 붙였다가 뗐는데 깨끗이 떨어지지 않고 남은 흔적 같아.

당장 잘못된 건 없지만 자꾸 신경이 쓰여.

마치 해야 하는 일이 있는데 하지 않거나, 미루거나, 잊은 거 같아서 말이지.

동생이나 반려동물을 집에 두고 와서 찜찜하거나

숙제를 미룬 게 찜찜해서 놀아도 마음이 편하지 않아.

혹은 아빠나 엄마, 친구처럼 가까운 사람의 표정이 안 좋아 보일 때

찜찜해서 이렇게 묻기도 하지.

"무슨 일 있어?", "기분이 안 좋아?"

찜찜할 때 모르는 체하지 말고 해결하면 편안하고 상쾌해져.

이왕이면 얼른, 빨리 해결할수록 좋겠지?

 찜찜하다

- 마음에 걸려서 떨어지지 않는 느낌이 들다.
- '해야 할 일을 빼먹은 것 같아.'

찜찜할 때는 미루지 말고 해결하자

 해야 할 일을 미루고 있어? 어떤 일이야?

 미루거나 안 한다고 해야 할 일이 저절로 없어질까?

 해야 할 일을 끝마쳤을 때 마음이 얼마나 편안할지 상상해 봐. 그리고 후련해진 너의 마음을 그림으로 표현해 보자.

못마땅해

'못마땅하다'는 마음에 들지 않을 때 생기는 감정이야.

나도 모르게 표정이 뾰로통해지고 말투나 태도가 불친절해져.

내 마음에 드는 것들로 세상이 가득하면 얼마나 좋을까?

내 마음에 드는 것만 하고 살 수 있다면 얼마나 좋을까?

이럴 때 아기들은 "싫어!", "미워!" 하며 떼를 쓰거나 울음을 터트리지.

싫을 수 있고, 미울 수 있고, 마음에 들지 않을 수 있고, 불편할 수 있어.

못마땅하다고 느끼는 것은 잘못이 아니야.

그렇지만 어떻게 표현하느냐에 따라 잘못이 될 수 있어.

못마땅하다고 소리를 지르거나 물건을 내던져도 될까?

무엇보다 "싫어!", "미워!"라고만 하면

아무도 네가 무엇을 어떻게 해 주기 바라는지 몰라.

그러면 너는 네 마음을 몰라준다고 심술이 나다가 화까지 날 수 있어.

싫거나, 불편하거나, 못마땅할 때는 무엇 때문인지 정확하게 표현하자.

 못마땅하다

- 마음에 들지 않아 좋지 않다.
- '마음에 들지 않아.'

못마땅할 때는 정확하게 표현하자

싫거나, 밉거나, 불편하거나, 마음에 들지 않는 등 못마땅한 일이 있었어?

 무엇이 못마땅했어?

예 엄마가 떡볶이를 만들어 주신 게 못마땅했어.

 왜 못마땅했어?

예 피자 먹고 싶다고 했는데 엄마가 내 마음을 알아주지 못해서 못마땅했어.

 누가 어떻게 해 주기를 바랐어?

예 엄마가 나의 마음을 알아주고 피자를 먹게 해 주면 좋겠어.

옳지 못한 예 떡볶이 싫어! 엄마 미워!(심술부리기)
옳은 예 피자가 먹고 싶었는데 떡볶이를 만들어 주셔서 못마땅해요.

누가, 무엇이, 왜 못마땅한지 알아내고
어떻게 해 주기 바라는지 정확하게 표현하면(말로 해도 좋고, 글로 써도 좋아.)
심술 부리기를 미리 막을 수 있고
마음이 편안해질 거야.

불쾌해

'불쾌하다'는 못마땅해서 불편한 감정이야.

주로 다른 사람이 마음에 들지 않는 행동이나 말을 할 때 생겨.

순간적으로 머리나 몸에서 열이 나는 것도 같아.

사회에는 함께 살아가기 위해 지켜야 할 규칙과 상식이 있어.

어떠한 말이나 행동은 하지 말아야 한다거나,

어떠한 말이나 행동은 해야 한다는 내용이지.

규칙과 상식은 기분에 따라 지켰다가 안 지켰다가 하는 게 아니라

모두 함께 꼭 지켜야 하는 거야.

어떤 사람이 규칙을 어기거나 상식을 벗어나는 행동을 하면 불쾌할 수 있어.

그렇다고 무조건 잘못이라고 판단하면 곤란해.

상대에게 그럴 만한 사정이 있을지 모르잖아?

불쾌한 일이 이미 벌어졌다면 없던 일로 할 수 없어.

대신 어떻게 생각하고 행동하는지에 따라

불쾌한 감정을 해결할 수 있어.

불쾌하다

- 못마땅해서 기분이 좋지 않다.
- '마음에 들지 않는 일이 생겨서 기분이 안 좋아!'

불쾌할 때는 '나'로 시작하는 말을 하자

 어떤 아이가 너를 놀려서 불쾌해.
둘 중 어떻게 말하는 것이 해결하는 데 도움이 될까?

> 네가 나를 놀렸잖아! 네가 내 기분을 망쳤어!

> 나를 놀리는 말은 그만할래? 불쾌해.

❌ 불쾌하다고 "너! 그러지 마!" 하고 상대의 잘못을 지적하는 것은 현명한 방법이 아니야. 상대가 모르고 실수한 것일 수도 있고, 내가 감정을 자극해서 다툼이 벌어질 수 있거든.

🟢 불쾌한 감정을 표현할 때는 '너'로 시작하지 말고 '나'로 시작하는 말을 하자. 내가 불쾌함을 느꼈다는 사실을 알리고, 그렇게 하지 말라고 동의를 구하는 거야. 명령이나 지시하는 말투는 곤란해.

만약 상대가 계속 규칙이나 상식에 어긋나는 말이나 행동을 한다면 너와 그 아이 사이에 선을 긋자. 이렇게 말하면서 말이야.

"친구는 서로 존중하고, 상처 주는 말이나 행동을 하면 안 돼. 그래야 함께 즐겁게 지낼 수 있어."

"나를 존중하지 않고 계속 상처 주는 말이나 행동을 하면 우리는 함께 놀 수 없어."

"너는 어떻게 생각해?"

냉담하다 — 의욕 없다 — 모욕감을 느끼다 — 혐오하다
지루하다 — 슬프다 — 실망하다 — 비관적이다
지치다 — 주눅 들다 — 우울하다 — 소외감을 느끼다
가엾다 — 미안하다 — 후회하다 — 외롭다
아쉽다 — 섭섭하다 — 그립다 — 허무하다

의 감정은 무엇일까?

〇〇〇〇〇을 느끼다

냉담하다 — 의욕 없다 — 모욕감을 느끼다 — 혐오하다

냉담해

'냉담하다'는 무슨 일에 마음을 두지 않을 때 생기는 감정이야.

전혀 관심이 없고, 이해하려는 노력도 하지 않지.

봐도 눈에 들어오지 않고, 들어도 귀에 들리지 않아.

냉담함은 수많은 감정 중에서 가장 느낌이 없어.

좋지도 않고 싫지도 않아. 차갑고 딱딱해.

느낌이 없는데 어떻게 감정이라고 할 수 있냐고?

느낌이 없다고 느끼는 것도 감정이야.

==우리가 누군가에게 냉담하다면 친해지기 힘들 거야.==

==어떤 일에 냉담하다면 그 일을 시작하기 힘들 거야.==

우리는 일부러 냉담한 척할 때도 있어.

관심이 있는데 관심 없는 척, 좋아하는데 좋아하지 않는 척하는 거지.

들키면 자존심이 상하거나 거절당해서 상처 입을까 봐

미리 마음에 딱딱한 갑옷을 두르는 거야.

==냉담할 때 우리는 누구와도, 무엇과도 가까워질 수 없어.==

 ....

- 무슨 일에 마음을 두지 않다. 무관심하다.
- '관심 없어. 알고 싶지 않아.'

냉담함을 느낄 때는 관심을 기울이자

엄마가 너에게 "과자 봉지가 바로 앞에 있는데 그대로 놔두면 되겠어?" 하셨어. 너는 억울해. 왜냐하면 정말로 과자 봉지가 거기 있는 줄 몰랐거든. 그래서 "거기 있는 줄 몰랐어요."라고 말하지만 통하지 않아. 신기한 일이지. 엄마 눈에 보이는 과자 봉지가 네 눈에는 왜 보이지 않았을까?

⭐ 잠시 생각하는 시간을 갖자.

그 과자 봉지를 대하는 것처럼 아무 관심이 없어서 주의를 기울이지 않으면 네 눈에만 보이지 않고, 아무 감정도 느끼지 못하는, '냉담함'이라는 마법 현상이 나타나. 냉담함에는 장점과 단점이 있어.

장점
너에게 상처 주는 말이나 행동을 하는 사람, 네가 샘나고 질투하는 사람에게 냉담하면 네 마음이 한결 편안해질 거야. 그런 사람이 있다면 이렇게 말하자.
"_____ 야! 앞으로 나는 너에게 냉담해질 거야. 네가 나를 대하는 태도가 달라지지 않으면 나는 계속 냉담할 거야."

단점
주의를 기울이고 관심을 주어야 하는 사람에게 냉담하면 관계를 맺지 못하거나 망칠 수 있어. 그리고 그만큼 기쁨이나 즐거움을 누릴 수 있는 기회가 사라지지.
네가 관심을 가져야 하는 사람은 누구일까? 그 사람이 무엇을 좋아하는지 알고 있어?

상대가 냉담할 때는 너를 이해시키자

 반대로 어떤 사람이 너에게 냉담할 수도 있어.
그런 경험을 한 적 있다면 여기 써 보자.

이때 너는 "내 생각이 잘못됐나?" 하고 자신감을 잃을지도 몰라.
상대의 반응이 냉담하다고 네가 잘못된 게 아니야.
상대가 아직 너의 생각을 이해하지 못해서 그래.

이럴 땐 "왜 나를 이해 못해?" 하고 떼를 쓰거나 원망할 게 아니라
어떻게 하면 네 생각을 이해시킬 수 있을지
여러 가지로 시도하는 노력이 필요해.

의욕 없어

'의욕 없다'는 적극적으로 하려는 마음이 없는 감정이야.

'관심'이 관계의 시작이라면, '의욕'은 활동의 시작이야.

의욕이 생기지 않으면 하고 싶은 마음이 들지 않아.

억지로 한다고 해도 금방 지루하거나 쉽게 지치지.

반대로 의욕이 생기면 두근두근 설레고 신나서 거뜬히 해낼 수 있어.

심지어 실패도 두렵지 않아.

그런데 왜 의욕이 생기지 않을까?

혹시 '해야 하는 것'이거나 '쉽게 성과가 나지 않는 것'이라서 아닐까?

억지로 해야 한다고 생각하니까 하기 싫고, 쉽게 성과가 나지 않으니까 하기 싫어.

하기 싫으니까 적극적으로 하려는 의욕이 생기지 않아.

의욕 없이 하는 일은 과정도, 결과도 허무할 거야.

그러면 더 하기 싫어지고, 더 성과가 나지 않는 악순환이 반복되지.

어떻게 하면 의욕을 느낄 수 있을까?

<u>스스로 결정하고 선택하면, 성취감을 경험하면, 목표를 정하면</u>
<u>미래의 자랑스러운 너의 모습을 구체적으로 그리면 의욕이 생겨.</u>
<u>그래서 지금 네가 상상하는 그 이상으로 성장할 수 있어.</u>

 **의욕 없다**

- 적극적으로 하고자 하는 마음이 없다.
- '해서 뭐 해? 왜 해야 하는지 모르겠어.'

의욕 없을 때는 스스로 선택한 일을 해 보자

스스로 결정하고 선택한 일을 해 보자

남이 하라는 대로 하거나 남들이 다 하니까 따라 하면 안전할지 몰라도 자부심이나 성취감을 느끼기 힘들어. 너에게 맞지 않는 남의 옷을 입고 다니는 거나 마찬가지야. 스스로 결정하고 선택하는 것은 너에게 잘 맞고, 잘 어울리는 옷을 직접 고르는 것과 같아.

 빌린 옷과 직접 고른 옷 중에 어떤 옷을 입을 때 더 뿌듯하고 신날까?

바로 그 뿌듯하고 신나는 기분이 의욕을 느낄 때 기분과 같아.
스스로 결정하고 선택하는 일은 힘들지만 의욕이 생겨서 누가 시키지 않아도 할 일을 찾아서 스스로 노력하게 돼. 그렇게 해서 무언가를 해내면 자부심이 생기지. 설령 실수하거나 실패하더라도 말이야. 그렇게 자존감과 자신감을 조금씩 스스로 만들어 가는 거야.

 스스로 결정하고 선택하고 싶은 것이 있어? 있다면 어떤 거야?

의욕 없을 때는 성취감을 경험하자

스스로 결정하고 선택한다는 것은 하고 싶은 대로
마음대로 한다는 뜻이 아니야.
잘 결정하고 선택하기 위해서는 '정보'가 필요해.
그것을 했을 때와 하지 않았을 때 결과가 어떻게 다른지,
각각의 좋은 점과 나쁜 점은 무엇인지 정보를 수집하고, 생각하고, 결정하는 거야.
이때 혼자만 생각하거나 인터넷에 의존하지 말고
주변의 어른에게 도움이 되는 말씀을 해 달라고 말하자.
선택하고 결정하는 데 큰 도움이 될 거야.

성취감을 경험하자

'성취감'은 네가 목적한 것을 이루었다는 느낌이야. 자기 힘으로 무언가를 해내는 것은 힘들지만, 무사히 해냈을 때 스스로가 자랑스러워. 그런데 목표를 너무 높게 잡으면 성취감을 느끼기 힘들어.
꿈은 클수록 좋지만 목표는 알맞게 정하는 것이 좋아. 지치거나 포기하지 않고 꾸준히 계속할 수 있는 정도가 너에게 알맞은 목표야.

줄넘기를 예로 들어 보자. 백 번 넘기를 목표로 정하면 힘들어서 금방 실망하거나 지쳐서 포기할 거야. 첫날에는 다섯 번, 둘째 날에도 다섯 번, 셋째 날에는 열 번, 넷째 날에도 열 번, 다섯째 날에는 열다섯 번으로 조금씩 늘리고, 굳히고, 늘리고, 굳히고를 반복하면서 횟수를 늘리자. 마치 계단을 올라가는 것처럼 말이야. 목표를 이룬 날에는 부모님에게 자랑하자.

의욕 없을 때는 목표를 세우자

층마다 네가 이루고 싶은 목표를 써넣어 보자

의욕 없을 때는 미래의 너를 상상하자

미래의 너의 모습을 구체적으로 그리자

10년 후, 20년 후의 너는 어떤 사람이 되어 있을까?
답은 이미 나와 있어.
지금 네가 되고 싶어 하는 사람이 되어 있을 거야.
어떤 사람이 되고 싶은지 가슴이 부풀 정도로 마음껏 상상해서
여기에 글로 쓰거나 그림으로 그리자.

20년 후 너의 모습

우리가 하는 일은 대부분 재미없고, 당장 좋은 결과가 나오지 않아.
그렇지만 느리게 천천히 나타날 뿐, 노력에 대한 보답은 반드시 나타나.
당장 좋은 결과가 나오지 않아서 의욕이 나지 않는 순간이 오면
지금 네가 쓰고 그린 것들을 다시 보자.

모욕감을 느껴

'모욕감'은 모욕을 받았다고 느끼는 감정이야.

주먹이나 발길질, 무기로만 사람을 해치는 게 아니라

말이나 표정, 눈빛으로도 사람을 해칠 수 있어. 모욕은 사람을 해치는 폭력이야.

모욕은 깔보고 욕되게 한다는 뜻으로

주로 놀리거나 얕잡아 보거나 무시하거나 비웃는 것으로 나타나.

모욕감을 느끼면 여러 가지 감정이 섞여서 몰아닥쳐.

당황스럽고, 화나고, 부끄럽고, 주눅 들고, 슬프고…

한꺼번에 휘몰아쳐서 혼란스럽고, 어떻게 해야 할지 모르겠어.

이때 모욕한 상대를 때리고 싶을지 몰라.

하지만 어떤 경우에도 폭력을 쓰면 안 돼.

당한 것과 똑같이 상대에게 갚아 주고 싶을지 몰라.

그러면 모욕한 사람하고 똑같은 사람이 되는 거야.

모욕감을 느낄 때 가장 괴로운 건 모욕당한 말이나 눈빛, 행동이 계속 떠오를 때야.

다른 아이들도 다 그렇게 나를 생각할 거 같아.

내가 진짜로 그렇게 하찮은 존재인 거 같아 주눅이 들어.

마음에 깊은 상처를 입은 거야.

 모욕감을 느끼다

- 깔보이고 욕보임을 당한다고 느끼다.
- '나를 무시하고 하찮게 여기는 것 같아서 당황했고 화가 나고 슬퍼.'

모욕감을 느낄 때는 분명하게 보여 주자

 사람은 어떨 때 모욕감을 느낄까?

 다른 사람이 너를 모욕한다고 느낀 적이 있어?

모욕감을 느꼈다면 그 사실을 상대에게 분명하게 전달해야 해.
손이 부들부들 떨리고 얼굴이 빨개지고
금방 눈물이 터질 것 같아서 말을 제대로 하기 힘들 거야.
그렇다고 상대를 때린다든가 물건을 부수는 식으로 화풀이하면 후회할 거야.
일단 당황한 감정부터 가라앉히자.
빨강 감정의 '당황하다' 편(45쪽)에서 배운 주문을 외워 보자.

"괜찮아.", "괜찮아.", "괜찮아.", "별일 아니야."

모욕감을 느꼈는데 어떻게 괜찮고, 별일 아니냐고?
답은 아주 간단해.

상대가 뭐라고 모욕해도 사실이 아니고,
너에게는 아무런 잘못이 없기 때문이야.
모욕은 어떤 경우에도 모욕을 주는 사람의 잘못이야.
상대를 깎아내려서 자기가 더 우월하다고 과시하려는 태도가 잘못됐어.
잘못된 태도에 똑같이 잘못된 태도로 반응할 필요가 없어.

대신 모욕을 받지 않겠다는 태도를 분명히 보여 주자.
두 다리에 힘을 딱 주고, 배에도 힘을 빵 주고,
눈빛에도 힘을 주고, 너를 모욕하는 아이의 곁을 당당하게 지나치는 거야.
아무 말도 못 들은 것처럼, 그 아이를 마치 없는 사람처럼 여기면서.
그리고 다음 날, 그 아이가 너에게 어떤 잘못을 했는지 분명하게 표현하자.
이 방법은 빨강 감정의 '불쾌하다' 편(79쪽)을 참고하자.

혐오해

'혐오'는 싫어하고 미워하는 감정이야.
단순히 싫어하고 미워하는 정도를 넘어서
소름 끼칠 정도로 매우 싫어하고 미워하는 감정이지.
그렇다고 무섭거나 두렵지는 않아.

하얀 나라와 까만 나라가 있다고 해 보자.
하얀 나라 사람들은 까만색을 혐오해.
오래전부터 까만색이 들어오면 하얀색이 없어질 거라고 배웠거든.

까만 나라도 사람들도 하얀색을 혐오해.
오래전부터 하얀색이 들어오면 까만색이 없어질 거라고 배웠거든.

두 나라 사람들은 서로를 혐오하면서
먼발치에만 보여도 저리 가라고 고래고래 소리를 질렀어.

 혐오하다

- 싫어하고 미워하는 감정을 가지다.
- '우웩! 너무 싫어. 가까이 오지 마!'

어느 날, 이웃에 회색 나라가 생겼어.

회색 나라 사람들은 하얀색도 좋아하고, 까만색도 좋아해.

하얀 나라 사람들과 까만 나라 사람들은 회색 나라 사람들을 이해할 수 없었어.

하얀 나라가 말하기를,

"까만색이 좋다고 하다니, 회색 나라 사람들은 아무것도 모르는 멍청이야!"

까만 나라가 말하기를,

"하얀색이 좋다고 하다니, 회색 나라 사람들과는 친하게 지낼 수 없어!"

회색 나라 사람들은 고민에 빠졌어.

"우리는 하얀색도, 까만색도 다 필요한데 이를 어쩌지?"

하얀 나라: 까만색이 들어오면 하얀색이 없어질 거야.

까만 나라: 하얀색이 들어오면 까만색이 없어질 거야.

회색 나라: 우리는 하얀색과 까만색 둘 다 필요해.

이 상황을 어떻게 하면 좋을까?

혐오감을 느낄 때는 존중을 기억하자

 혐오하는 것이 있어?

네가 혐오하는 것을 놀랍게도 다른 문화권에서는 좋아하고 즐길 수 있어.
 하얀 나라 사람들이 까만 나라 사람들 앞에서
까만색을 혐오한다고 표현하면 까만 나라 사람들이 어떻게 느낄까?

상대가 좋아하거나 중요하게 여기는 것을 모욕하거나 혐오하면
불쾌함을 넘어 반감을 일으킬 수 있어.
점점 사이가 틀어져서 심하면 적이 되기도 해.
자기가 무엇을 중요하게 여기고 좋아하는지와 상관없이
상대가 좋아하고 중요하게 여기는 것이라면 존중해야 해.
친한 사이뿐 아니라 친하지 않거나 심지어 친해지기 싫은 사이라도 말이야.
존중은 인간관계에서 가장 기본적인 규칙이야.

의 감정은 무엇일까?

지루하다 — 슬프다 — 실망하다 — 비관적이다

지루해

'지루함'은 같은 상태가 너무 오래 계속되어 답답하고 싫은 감정이야.

재미있을 때는 시간이 화살같이 금방 지나가는데

지루할 때는 시간이 지렁이처럼 기어가는 것 같아.

나도 모르게 꽈배기처럼 몸을 비틀게 되고, 자꾸 하품이 나와.

하고 싶지 않은 일을 계속하고 있으면

듣고 싶지 않은 말을 계속 듣고 있으면

있고 싶지 않은 장소에 계속 있으면 지루해.

그런데 말이야.

아무리 하고 싶었던 일도 계속하면

듣고 싶은 말도 계속 들으면

있고 싶었던 장소에 계속 있으면

지루함을 느낄 수 있어.

사람은 누구나 똑같은 상태가 너무 오래 계속되면 지루함을 느껴.

그렇다고 하지 말아야 할까?

==지루함은 방법을 바꿔서 다르게 해 보라는,==
==변화가 필요하다는 신호일 수 있어.==

 지루하다

- 같은 상태가 너무 오래 계속되어 답답하고 싫다.
- '심심해. 따분해. 답답해.'

지루할 때는 상상력과 놀자

 기다리느라 지루할 때는 두 가지 방법이 있어.

① 눈을 호기심 망원경이나 현미경으로 만들어서 주변을 관찰하기

길거리의 간판을 한 개씩 읽는다든가
사람들의 차림새나 행동을 살피든가… 또 뭐가 있을까?

② 상상력과 놀기

기분 좋게 해 주는 것들을 머릿속에 떠올려서 함께 신나게 놀자
상상으로 새로운 세상을 만들고 마음대로 캐릭터를 창조해서
그들과 재미나게 놀자
지루한 상황에 대비해서 늘 상상력을 챙기자

 요즘 네가 자주 상상하는 것은 뭐야? 여기 쓰거나 그려 보자.

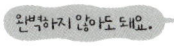

너무 지루해서 도저히 하기 싫은 것이 있다면
지루하니까 안 해도 되는지, 지루해도 참고해야 하는지 생각해 보자.

 지루하면 안 해도 되는 것은 무엇일까?

 지루해도 참고 해야 하는 것은 무엇일까?

 지루해도 참고 해야 한다면 새로운 방법을 시도하자. 너만의 방법이 있어?

예 만약 국어 공부가 지루하다면 네가 가장 좋아하는 색깔의 연필로 글씨를 쓴다든가 하면서 새로운 시도를 해 보는 거야.

지루해서 싫어질 수도 있지만, 좋아해도 지루한 순간이 올 수 있어.
이때 싫어졌다고 너무 빨리 판단하지 말자.
그 순간을 잘 넘기면 다시 해 볼 만해지기도 하거든.

슬퍼

'슬프다'는 울고 싶어지도록 마음이 아픈 감정이야.

울고 싶다고 모두 슬픔은 아니야.

불안하거나 무서울 때, 좌절하거나 화가 날 때도 울고 싶어지거든.

슬플 때 울고 싶은 마음은 그때와 다르게 마음이 아파.

마치 마음에 몸살이 난 것처럼.

우리는 언제 슬픔을 느낄까?

소중한 것이 망가지거나 사라졌을 때, 소중한 존재가 멀리 떠나거나 죽었을 때

마음이 무너져서 아프고 눈물이 쏟아져.

앞에서 배운 감정들인 아쉬움, 섭섭함, 그리움, 허무함,

가엾음(연민), 미안함, 후회, 쓸쓸함, 지침, 주눅, 우울, 소외감…

이런 감정들이 깊어져서 슬픔이 되기도 해.

또, 이유 없이 괜히 슬픈 날도 있지.

==슬픔을 숨기려고 하지 않아도 돼.==

==울고 싶은 만큼 실컷 울어도 괜찮아.==

==울음은 슬픔을 말끔하게 씻어 주는 소나기가 되어 주거든.==

 슬프다

- 울고 싶어지도록 마음이 아프다.
- '소중한 것을 잃었어. 마음이 무너져서 눈물이 쏟아져.'

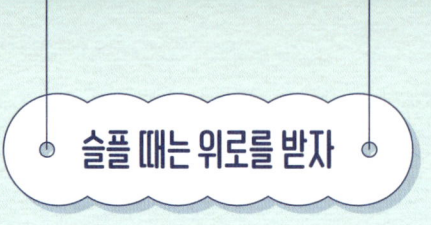

슬플 때는 위로를 받자

 네가 슬펐던 이야기를 여기 눈물 소나기 그림 안에 적어 보자.

슬픔에는 '위로'가 필요해.
너를 위로해 줄 수 있는 사람을 찾아가서
너의 슬픔을 솔직하게 털어놓고 위로를 받자.
네가 쓴 눈물 소나기 이야기를 건네도 좋을 거야.

슬픔을 잘 보내면 다음에 올 기쁨의 감정이 커진다는 사실을 기억해.
한바탕 소나기가 내린 다음에 하늘에 뜨는 고운 무지개처럼 말이야.

그러다 만약 슬픔에 잠긴 사람을 만나면
네가 슬플 때 위로받고 싶었던 마음을 기억하고 위로해 주자.

실망했어

'실망'은 믿음이나 기대가 무너져서 마음이 몹시 상한 감정이야.

실망하면 온몸에서 기운이 쑥 빠지는 것 같아.

어깨가 축 처지고 발걸음이 무거워. 늘 메고 다니던 책가방도 무거워.

실망했다는 것은 믿음이나 기대가 컸다는 뜻이야.

누구도 믿지 않고, 무엇도 기대하지 않는다면 실망할 일도 없겠지.

그렇다고 아무도 믿지 않고, 아무것도 기대하지 말아야 할까?

믿음이나 기대가 없다면 희망이 생기기 힘들고,

설렘도, 기쁨도 없을 텐데….

여러 번 실망하는 것보다 한 번도 실망하지 않는 것이 훨씬 슬퍼.

아무도 믿지 않고, 아무것도 기대하지 않은 것이니까.

==실망이라는 감정을 통해 우리는==
==어떻게 하면 믿음을 지키고, 기대하는 일을 이룰지==
==스스로 조절하는 법을 익힐 수 있어.==
==또, 일어난 일을 있는 그대로 받아들이는 태도도 배울 수 있지.==

실망하다

- 믿음이나 기대가 무너져서 마음이 몹시 상하다.
- '믿었는데, 기대했는데 무너졌어.'

실망할 때는 서로 알아 가고 맞춰 가자

친구에게 실망한 적 있어? 무슨 일 때문에 실망했어?

예 친구에게 스티커를 선물했는데 시시하게 여기는 것 같아서 실망했어.

네 마음을 곰곰이 들여다보자. 무엇을 기대했어?

예 친구가 활짝 웃으면서 좋아해 주기를 기대했어.

앞으로는 어떻게 하고 싶어?

예 생각해 보니 내가 주고 싶은 스티커를 준 것 같아. 친구가 어떤 스티커를 좋아하는지 알아봐야겠어.

서로에게 무엇을 기대하는지 모르거나
기대하는 정도가 다르면 실망하기 쉬워.
친구한테 실망하는 일을 두려워하지 마.
서로 알아가고 맞추면 돼. 이렇게 말이지.

"실망했지만 앞으로 ------------------------------- 해야겠다."

누군가의 실수나 잘못으로 네가 실망할 때도 있지만
아무도 잘못하지 않았는데 실망할 때도 있어.
예를 들어 친구들이랑 자전거 타기로 한 날에
비가 많이 내리면 실망할 거야. 하지만 누구의 잘못도 아니지.
그저 그런 일이 일어난 거야. 그럴 때는 이렇게 생각하자.

'어쩔 수 없지. 우리에게는 다음이 있어.'

'어쩔 수 없지. 다른 방법을 찾아보자.'

비관적이야

'비관적이다'는 앞으로의 일이 잘 안 될 거라고 여기는 감정이야.
희망이 없다고 느끼지. 다른 말로 '절망적이다'라고도 해.

축구 경기가 후반전인데 3 대 0으로 지고 있다고 해 보자.
상황을 비관적으로 보면 이미 졌다고 생각할 거야.
그러면 더 이상 뛸 힘이 나지 않겠지.
희망적으로 보면 아직 이길 수 있는 기회가 남았다고 생각할 거야.
그러면 마지막 순간까지 최선을 다해 뛸 힘이 날 거야.

비관적인 생각이 늘 틀리거나 희망적인 생각이 늘 옳지는 않아.
비관적인 생각이 맞을 때도 있고, 희망적인 생각이 틀릴 때도 있어.
그렇지만 무슨 일이든 마지막 순간까지 포기하지 않고,
상황을 헤쳐 나갈 방법을 찾아내고,
온 힘을 다하는 자세를 꾸준히 익히면
인생에 보이지 않는 마술 지팡이를 갖게 될 거야.
행운과 승리를 너의 편으로 끌어들이고,
주변 사람들을 감동시키게 될 거야.

 비관적이다

- 앞으로의 일이 잘 안 될 거라고 여기다.
- '뭘 해도 다 잘 안 될 거 같아.'

비관적일 때는 희망 안경을 쓰자

'비관적'이라는 색안경이 있어. 이걸 쓰면 비관적으로 보여.
부정적인 말을 하고 주변에 부정적인 기운을 주지.
결국 부정적인 일이 일어날 거야.

'희망적'이라는 색안경이 있어. 이걸 쓰면 희망적으로 보여.
긍정적인 말을 하고 주변에 긍정적인 기운을 주지.
결국 긍정적인 일이 일어날 거야.

사람들은 자신이 이런 안경을 쓰고 있다는 사실을 모를 때가 많아.
안경을 바꿔 쓰듯 부정적으로 말하는 습관부터 고쳐 볼까?

가족과 놀이공원에 가기로 한 날, 아침부터 비가 내리고 있어.
네가 원하지 않는 상황이 일어났어.
어떤 안경을 쓰느냐에 따라 기분도, 말도 달라져.

 비가 내려서 망했어. 뭘 해도 재미없을 거야. 왜 하필이면 비가 오고 난리야.

 비가 내리니까 장화를 신고 우비를 입어야겠다. 색다른 재미가 있을 거야.

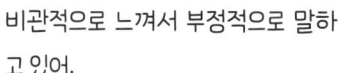

비관적으로 느껴서 부정적으로 말하고 있어.

희망적으로 느껴서 긍정적으로 말하고 있어.

줄넘기를 열심히 연습하는데 열흘째 다섯 개도 못 하고 있어.

비관적으로 느끼면 어떻게 말할 수 있을까?

희망적으로 느끼면 어떻게 말할 수 있을까?

비관적인 말과 희망적인 말 중 어떤 말이 기운 나게 만들어?

비관이나 희망은 아직 일어나지 않은 일을 두고 미리 느끼는 기분이야.
그 기분대로 앞으로의 일이 펼쳐질 거야.
우리는 비관적인 사람이 될 수도 있고,
희망적인 사람이 될 수도 있어.
어떤 사람이 되고 싶은지 스스로 선택할 수 있어.

의 감정은 무엇일까?

오늘 학원을 세 군데나 가서 숙제를 아직 못했어.

나는 왜 쟤보다 발표를 못할까?

지치다 — 주눅 들다 — 우울하다 — 소외감을 느끼다

지쳤어

'지치다'는 두 가지 상황에서 느낄 수 있어.

첫 번째는 힘을 몹시 쓰거나 괴로움에 시달려서 기운이 빠졌을 때야.

다른 말로 '피곤하다'라고도 하지.

심하게 뛰어다니거나 바쁘게 움직이면 몸에서 기운이 빠져.

잘 먹고 잘 자서 다음 날이 되면 기운을 회복할 수 있어.

마음도 몸처럼 기운이 차올랐다가 빠졌다가 하지.

두 번째는 결과가 만족스럽지 않아 계속하고 싶지 않을 때야.

아무리 좋아하는 일이나 좋아하는 사람이라도

불쾌한 감정을 여러 번 반복해서 겪으면 마음에 기운이 빠져서 지칠 수 있어.

그러면 계속하고 싶은 마음이 들지 않아.

실제로 '이제 그만할 거야!' 하고 결심할 수도 있어.

지쳐 있을 때는 중요한 선택이나 결정을 하지 않는 게 좋아.

정말로 더 이상 할 수 없는 게 아니라 지쳤을 뿐이니까.

충분히 쉬고 나면 기운을 차리고 회복할 수 있어.

그러면 지쳤을 때 먹은 마음과 아주 많이 달라질 거야.

어쩌면 새로운 마음을 먹을 수 있을지 모르지.

지치다

- 힘을 몹시 쓰거나 괴로움에 시달려 기운이 빠지다. '몸도 마음도 더 쓸 힘이 없어서 축 늘어지는 것 같아.'
- 결과가 만족스럽지 않아 더 이상 그 상태를 지속하고 싶지 않다. '계속할 수 있는 원동력이 없어.'

 어떤 일이나 사람 때문에 지쳐서 그만두고 싶은 적이 있어?

 어떤 점이 너를 지치게 했어?

 푹 자고 일어난 다음 날이나 맛있는 음식을 먹고 난 다음에는 기분이 달라지지 않았어?

지쳤을 때는 깊이 생각하지 않는 게 좋아.
일단 잘 먹고 푹 쉬면서 기운을 다시 채우자.
계속할지, 그만둘지 결정하는 것은 그다음으로 미루자.

주눅 들어

'주눅 들다'는 무섭거나 부끄러워서 기를 펴지 못하는 감정이야.

실수를 했거나 잘못을 저질러서 부모님이나 선생님한테 혼날 때 생길 수 있어.

나도 모르게 시선을 피하고, 목소리가 작아지고, 어깨를 움츠리지.

별다른 실수나 잘못을 하지 않았는데 주눅 들 때도 있어.

남과 비교해서 뒤떨어진다고 느낄 때야.

'나는 너보다 못해.', '나는 너보다 못생겼어.'

'나는 너보다 멋지지 않아.', '나는 너보다 좋은 걸 갖지 못했어.'

이렇게 스스로를 평가하면 주눅 들어.

주눅 들면 언제라도 비난을 듣거나 혼날 거 같은 느낌이 들어서 더 시선을 피하고, 목소리가 작아지고, 어깨가 움츠러져.

마치 누구의 눈에도 보이고 싶지 않기를 바라는 것처럼 말이야.

우리에게는 잘난 점도 있고, 못난 점도 있어.

잘하거나 못하는 것이 저마다 다를 뿐이야.

남과 비교해서 주눅이 들 때는 이렇게 스스로를 다독이자.

'마음에 드는 점도 있고, 들지 않는 점도 있지만 있는 그대로의 나를 소중하게 대하자.'

 주눅 들다

- 무섭거나 부끄러워 기를 펴지 못하다.
- '내가 아주 작게 쪼그라지는 것 같아.'

주눅 들 때는 의욕으로 바꾸자

 다른 사람이랑 너를 비교한 적 있어? 있다면 어떤 것을 비교했어?

⭐

내가 남보다 부족하다고 여기고 소중하게 대하지 않으면 자존감이 떨어져.

| _____는 나보다 멋져. 나는 왜 이렇게밖에 못할까? | ➡ | 나는 못났어. 해 봤자 소용없을 거 같아. (자존감이 더 떨어진다.) |

그렇다고 '비교하기'가 무조건 나쁘지는 않아.
나도 저렇게 되고 싶다는 의욕이 생겨서 좋은 행동으로 이끌기도 하거든.

| _____는 나보다 멋져. 나도 저렇게 멋진 아이가 되고 싶다. | ➡ | 나도 노력해 보자. (의욕이 생긴다.) |

우울해

'우울'은 걱정이나 슬픔에 잠겨 활기를 잃은 감정이야.

마음에 드리운 그늘이 다시는 환하게 걷힐 것 같지 않아.

마음이 작고 깜깜한 통조림 깡통 속에 들어가서 다시 나오지 못할 것 같아.

걱정을 해결하지 못하고 계속 걱정만 할 때,

지쳤는데 해결하지 못하고 계속 지쳐 있을 때,

주눅 들었는데 해결하지 못하고 계속 주눅 든 상태일 때

우울할 수 있어.

아무것도 할 수 없을 것 같고,

아무도 나를 좋아하지 않을 것 같은 기분이 들어.

그래서 아무것도 하기 싫고, 아무도 만나고 싶지 않아.

마음이 상처받기 쉬운, 연약한 상태가 되어 가지.

==우울이 꼭 나쁘기만 한 감정일까?==

==음악, 미술, 문학 등의 분야에서 유명하고 아름다운 예술 작품들은==

==우울을 딛고 탄생하는 경우가 많아.==

==상처받고 연약한 마음은 때로 다른 사람들이 무심코 지나치는 것을==

==유심히 볼 수 있게 만들거든.==

 **우울하다**

- 걱정하느라 마음이 답답하고 밝지 못하다.
- '괜히 눈물이 날 것 같고, 마음이 답답해.'

우울할 때는 도움을 청하자

우울할 때는 지금 네가 슬퍼하고 걱정하는 것이 영원히 끝나지 않을 것 같아. 그런데 생각해 보자. 일 년 전에 네가 무엇 때문에 슬펐는지, 무엇을 걱정했는지 기억할 수 있어?

⭐

방금 전 질문은 기억력 테스트가 아니야. 슬프거나 걱정이 많으면 영원히 끝날 거 같지 않지만, 그 감정은 옅어지고, 잊을 수 있다고 말해 주고 싶었어. 그러니까 우울할 때는 이 말을 기억해.

"내일이면 괜찮아질 거야."

우울할 때 너의 감정을 그림으로 그리거나, 글로 쓰거나, 멜로디로 흥얼거려 녹음으로 남기자. 대단한 작품이 탄생할지도 몰라.

⭐

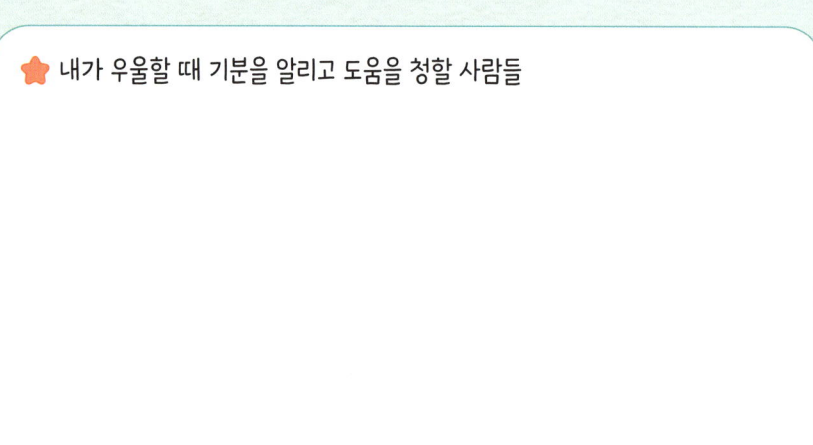그렇지만 자고 일어나 이튿날이 됐는데도 계속 우울하다면 마음이 위험한 상태라는 신호야. 그럴 때는 "나 우울해요." 하고 주변의 어른에게 알리고 도움을 받아야 해. 이번 기회에 리스트를 작성해 보자.

⭐ 내가 우울할 때 기분을 알리고 도움을 청할 사람들

부모님이나 선생님, 친구가 너의 힘든 마음을 먼저 알아봐 주고 도와주면 좋겠지만, 표현하지 않으면 알 수 없어. 표현해야 도움을 받을 수 있어.

# 소외감을 느껴

'소외감'은 주위에서 나를 좋아하지 않아서 멀리한다고 느끼는 감정이야.
눈에 보이는 거리는 팔을 뻗으면 닿을 만큼 가까운데
마음은 아주 멀리 있는 것 같아.

혼자라서 행복할 때는 혼자 있어도 돼.
그럴 때는 혼자라도 소외감을 느끼지 않을 거야.
만약 소외감을 느낀다면 너의 마음이
혼자 있고 싶지 않고, 함께 무언가를 하고 싶은 거야.

가까웠던 친구나 가족이 갑자기 멀어진 기분이 들 때가 있어.
너를 빼놓고 끼리끼리 어울리는 모습을 보면 소외감을 느낄 수 있지.
그럴 때는 테스트를 해 보자.

<u>천천히 다가가서 먼저 인사를 하고 같이 놀고 싶다고 말하는 거야.</u>
<u>그들이 모르는 체하면서 등을 돌린다면 정말로 따돌리는 거야.</u>
<u>계속 같이 있으려고 하지 말고 일단 돌아오자.</u>
그렇지만 대부분 함께할 수 있도록 자리를 내줄 거야.
<u>빨리 친해지려고 애쓰지 않아도 돼. 천천히 조금씩 다가가자.</u>

 **소외감을 느끼다**

- 주위에서 꺼리며 멀리한다고 느끼다.
- '함께하고 싶은데 아무도 나를 끼워 주지 않아.'

소외감을 느낄 때는 천천히 조금씩 다가가자

 소외감을 느낀 적 있어? 어떤 상황이었어?

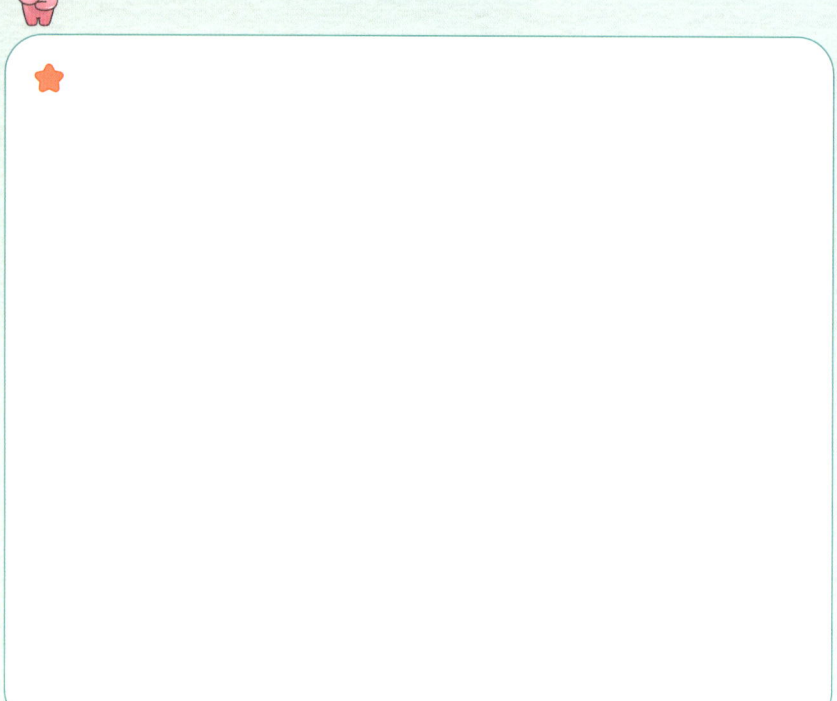

아무도 너를 피하거나 싫어하지 않는데, 오해해서 소외감을 느끼는 경우가 있어. 혹시 아래에 해당하는지 확인해 보자.

⭐ 집에서 아빠, 엄마가 하는 것처럼 학교에서도 선생님이나 친구들이 너를 먼저 반기고, 알아주고, 칭찬해 주길 바란다.

⭐ 먼저 반기지 않는다고, 알아주지 않는다고, 칭찬해 주지 않는다고 꺼리는 게 아니야. 학교는 집과 달라. 마음을 받기만 바라면 소외감을 느낄 수 있어. 관계란 주고받으면서 발전하는 거야.

해결책 네가 받고 싶은 것을 다른 사람에게 먼저 해 주면 어떨까? 먼저 반기고, 알아주고, 칭찬해 주는 거야.

⭐ 네가 하자는 대로 친구들이 따르지 않는다고 느낀다.

⭐ 네가 싫어서 그러는 게 아니라 주장하는 내용이나 방식이 마음에 들지 않을 뿐이야. 무엇보다 친구에게는 네가 하자는 대로 따를 의무가 없어.

해결책 네가 하고 싶어 하는 것을 친구는 하고 싶지 않을 수 있어. 하고 싶은 것이 다를 때는 서로 맞추고 타협하자. 친구가 하고 싶은 것은 무엇인지 묻고, 한 번씩 번갈아 가면서 하는 거지.

⭐ 수줍음이 많아서 먼저 표현하지 못하고, 다가가지 못한다.

⭐ 수줍음이 많으면 남이 나를 어떻게 볼까 조심하느라 생각이나 감정을 표현하는 데 어려움을 겪어.

해결책 빨강 감정의 '부끄럽다' 첫 번째 상황 편(66쪽)을 참고하자.

⭐ 자존감이 부족하다.

⭐ 자존감이 부족하면 남이 너를 소중하게 대하지 않을 거라고 생각하기 쉬워. 그래서 먼저 다가가지 못하고 소외감을 느낄 수 있어.

해결책 앞에서 배운 '주눅 들다' 편(117쪽)을 참고하자.

의 감정은 무엇일까?

가엾다 — 미안하다 — 후회하다 — 외롭다

가여워

'가엾다'는 남에게 힘들거나 슬픈 일이 생겼을 때
슬픔과 아픔을 느끼는 감정이야.
조금 어려운 말로 '연민'이라고 해.

가여움은 가족이나 친구처럼 친한 사이뿐 아니라
전혀 모르는 사이에서도 느낄 수 있어.
텔레비전에서 전쟁으로 집이 무너지고 부모를 잃은 아이를 볼 때처럼 말이지.
동화나 애니메이션 캐릭터한테 느낄 수 있고,
동물이나 식물과 같은 자연한테 느낄 수도 있어.
추운 곳에서 떨고 있는 고양이나 개,
제대로 물을 주지 않아 바짝 마른 화분을 볼 때처럼 말이지.

가엾다고 느끼면 돕고 싶은 마음이 생겨나.
힘들고 괴로운 처지에 있는 사람을 보아도 가엾다고 느끼지 못하고
서로 돕지 않았다면 인류는 아주 오래전에 멸망했을 거야.
가엾다는 감정은 인류와 지구가 무사히 존재할 수 있도록 해 주는 중요한 감정이야.

 가엾다

- 마음이 아플 만큼 안되고 처연하다.
- '어려운 처지나 사정에 있는 모습이 내 일처럼 마음이 아파.'

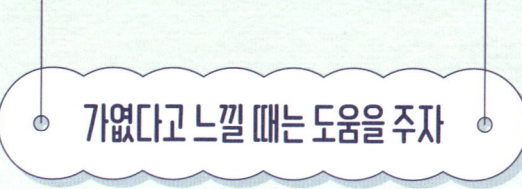

가엾다고 느낄 때는 도움을 주자

 가엾다고 느낀 적 있어? 어떤 모습을 보고 가엾다고 느꼈어?

가엾다고 느껴서 돕고 싶은데 어떻게 해야 할지 모르겠다면
조용히 다가가서 묻자.
"무슨 일 있어?", "괜찮아?", "도와줄까?"

이때 조심해야 할 점이 있어.
네가 상대보다 나은 처지에 있는 사람처럼 굴면 안 된다는 거야.
그런 태도는 도움을 주더라도 상대가 모욕감을 느낄 수 있거든.
누군가를 도울 때는 상대가 자존심 상하지 않도록 배려해야 해.

어쩌면 가엾다고 느끼면서 모르는 체하는 일이 생길지도 몰라.
그러면 나중에 미안하고, 후회할 수 있어.

미안해

'미안함'은 남을 대하는 마음이 편하지 못하고 부끄러운 감정이야.
언제 이런 감정이 생길까?

첫 번째는 어떤 실수나 잘못을 해서 남에게 불편을 끼쳤을 때야.
누구랑 부딪치거나 물건을 망가뜨렸을 때를 예로 들어 볼까?
일부러 그러려고 한 건 아니지만
남에게 피해나 불편을 끼쳤다고 생각하면 마음이 불편할 거야.
이때 느끼는 감정이 미안함이야.

두 번째는 남이 힘들거나 괴로운 상황에 있는데 도움을 주지 못할 때야.
잘못된 말이나 행동을 한 건 아니지만
도움을 주지 못했다는 생각 때문에 마음이 불편할 수 있어.
이때 느끼는 감정도 미안함이야.

<mark>미안함을 느낄 때마다 표현하면</mark>
<mark>상대가 너에게 섭섭함이나 불쾌함을 느끼지 않고</mark>
<mark>너를 오해하지 않을 거야.</mark>
<mark>오히려 전보다 가까운 사이가 될 수 있어.</mark>

 미안하다

- 남을 대하는 마음이 편하지 못하고 부끄럽다.
- '남을 불편하게 한 것 같아서 내 마음도 불편해.'

미안할 때는 미안하다고 솔직하게 말하자

 미안한 일이 있었다면 그 이야기를 여기 적어 보자.

 미안하다고 말했어? 만약 말하지 못했다면 왜 그랬는지 적어 보자.

미안한 감정을 풀 수 있는 가장 좋은 방법은
"미안해."라고 솔직하게 말하는 거야.
미안하다고 생각하면서도 그 말이 잘 나오지 않을 때가 있어.
그래서 미안하다는 말을 빠뜨리고 슬그머니 넘어가려고 하거나
엉뚱하게 남 탓을 하지.
왜 그럴까?

① 실수나 잘못을 저지른 것이 부끄러워서

② 미안할 만큼 실수나 잘못을 저지른 게 아니라고 생각해서

③ 미안하다고 말하는 순간 나쁜 아이로 찍힐까 봐

④ 미안하다고 말하는 것이 지는 거라고 잘못 생각해서

그렇지만 내 생각이나 의도와 관계없이
결국 남에게 불편함을 끼치거나 불쾌하게 만들었다면
"미안해." 혹은 "미안합니다."라고 사과하는 것이 우선이야.
그런 다음에는 꼭 상대에게 물어보자.
"괜찮아?", "괜찮으세요?"
이때 "뭐 그런 걸 가지고 그러냐?" 같은 가벼운 말은 하지 않는 게 좋아.
상대가 느끼는 불편함이나 불쾌함을 무시하는 느낌을 줄 수 있거든.

미안하다는 말은 빨리할수록 좋아.
미처 하지 못했다면 나중에라도 꼭 하자.

미안한데 '미안하다'라고 정확히 표현하지 않으면 '후회'할 수 있어.

후회해

'후회'는 과거에 자신이 했던 선택이나 행동이 부끄럽고 싫은 감정이야.

시간을 돌릴 수만 있다면 돌려서 다른 선택이나 행동을 하고 싶어.

'그때 내가 왜 그랬을까? 다르게 했으면 훨씬 좋았을 텐데….' 하면서 말이지.

사람의 뇌는 좋은 것보다 싫어하거나 부끄러운 것을 더 오래 기억해.

또렷이 기억해서 같은 선택이나 행동을 하지 않기 위해서지.

"후회해 봤자 소용없다."라고 말하는 사람도 있어.

그 말도 맞아. 이미 벌어진 일은 돌이킬 수 없으니까.

너무 후회만 하면 그런 선택이나 행동을 한 자신이 싫어질 수 있어.

네가 이 세상에서 가장 사랑해 줘야 할 사람은 너 자신인데

자기 자신을 싫어한다면 이보다 더 슬픈 일은 없어.

후회하는 일이 생겼다면

'앞으로 같은 일이 일어난다면 어떻게 할까?'

상상하자.

상상 속에서 전과 다른 멋진 선택이나 행동을 하는 너를 그리자.

그 상상이 곧 현실이 될 거야.

 후회하다

- 이전의 잘못을 깨치고 뉘우치다.
- '내가 나의 잘못을 꾸짖고 반성하고 있어.'

후회한다고 느낄 때는 기록하자

 후회하는 일이 있다면 어떤 일이야?

 타임머신을 타고 그때로 돌아갈 수 있다면 어떻게 다른 행동이나 말을 하고 싶어?

만약에 비슷한 일이 생겨서 위에 쓴 것처럼 말하고 행동하고 나면 너의 마음이 어떨 것 같아?

후회해 봤자 소용없다고 하지만
네가 어떤 점을 후회하는지 기록하고 기억하면
앞으로 선택할 때 "아! 이렇게 하면 내가 후회할 거야."
헤아릴 수 있어서 많은 도움이 될 거야.
후회는 나쁜 감정이 아니야.
우리는 후회나 반성, 뉘우침을 통해 전보다 나은 사람으로 성장할 수 있어.

외로워

'외로움'은 함께 있고 싶은데 혼자 있을 때,
의지하고 싶은데 의지할 곳이 없을 때 생기는 감정이야.
네가 힘들고 어려운 상황에 있는데 아무도 도와주지 않는다면,
기쁜 일이 생겼는데 함께 기뻐할 사람이 없다면,
너의 생각이나 마음에 아무도 관심을 갖지 않는다면,
외로움을 느낄 거야.

친구가 많으면 외로움을 느끼지 않을까?
꼭 그렇지는 않아.
아무리 친구가 많아도 네가 힘들 때 도와주지 않는다면,
기쁜 일이 생겼는데 함께 기뻐하지 않는다면,
너의 생각이나 마음에 관심이 없다면,
외로움을 느낄 거야.

또, 혼자라고 늘 외로움을 느끼지는 않아.
혼자라서 외로울 때도 있지만 혼자라서 홀가분하고 평화로울 때도 있거든.
외로움은 친구가 얼마나 많은지와 관계가 없어.
너의 감정이나 생각을 솔직하게 터놓을 수 있는 존재가 있는지와 관계있지.

 **외롭다**

- 홀로 되거나 의지할 곳이 없어 쓸쓸하다.
- '아무도 나를 돌봐 주지 않는 것 같아.'

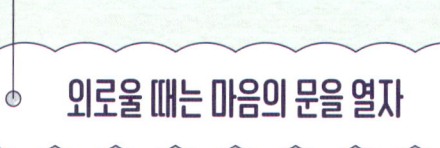

외로울 때는 마음의 문을 열자

 혼자라서 외로운 적이 있다면 그 이야기를 여기 적어 보자.

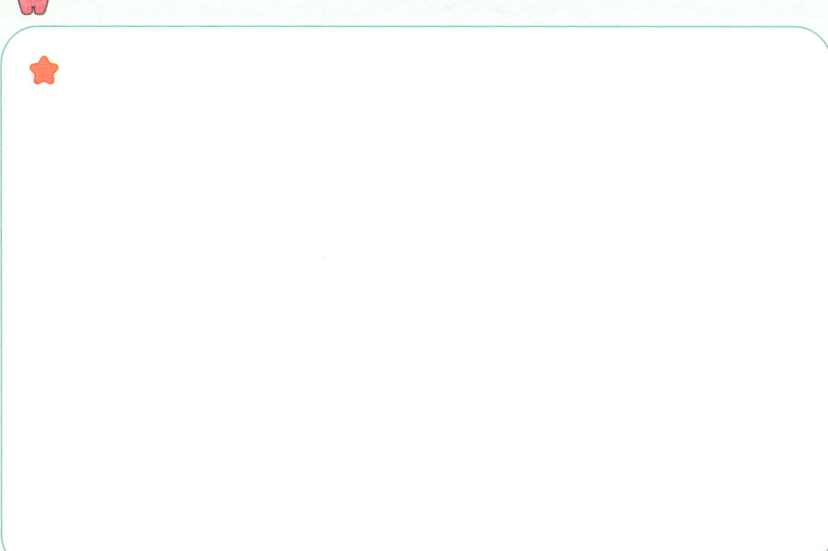

 혼자라서 홀가분하고 편안한 때가 있다면 그 이야기를 여기 적어 보자.

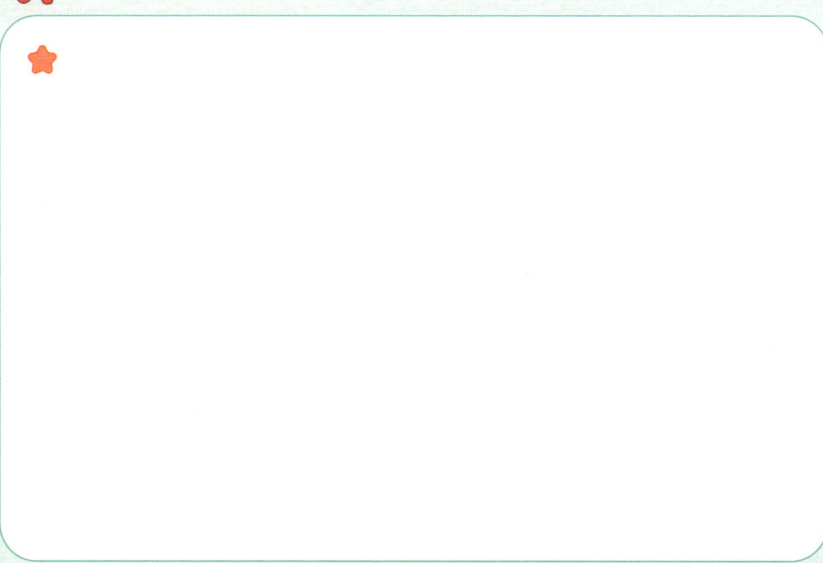

네가 힘들 때 위로해 주는 존재가 있어?

친구나 가족이어도 좋고, 동물이나 식물, 하늘 같은 자연,

그림, 노래, 책이어도 좋아.

 무엇이든 너를 든든하게 지켜 주는 존재를 여기 적어 보자. 그림으로 그려도 좋아.

외로움을 느낀다면 이렇게 마음먹고 행동하라는 신호야.

먼저 세상에 말을 건네고 손을 내밀어 봐.

세상은 너의 말을 들을 준비가 되어 있어.

마음의 문을 열고 한 발자국만 나가 보면 어때?

의 감정은 무엇일까?

이제 그만 잘 시간이야.

조금만 더요….

야, 그건 네 잘못이지.

나랑 제일 친한 친구가 어떻게….

아쉽다 — 섭섭하다 — 그립다 — 허무하다

아쉬워

'아쉬움'는 무엇이 없거나 모자라서 만족스럽지 않은 감정이야.
친구랑 신나게 놀다가 해가 저물어서
이제 그만 집으로 돌아가야 할 때를 떠올려 봐.
그때 느꼈던 감정이 아쉬움이야.

이런 경우도 있어.
축구를 할 때 슛을 날렸는데 공이 골대를 맞고 튕겨 나오면
"아!" 하는 탄식과 함께 아쉽다고 하지.

아쉬움은 '벌써?', '조금만 더….' 하고 짝을 이룰 때가 많아.
'벌써 해가 저물었네. 친구랑 더 놀고 싶은데.'
'조금만 더 공을 옆으로 찼으면 골인했을 텐데.' 하는 식으로 말이지.

<u>없어지거나 모자란다고 늘 아쉬움을 느끼지는 않아.</u>
나를 괴롭히던 아이가 멀리 이사를 가거나
엄마가 볶음밥을 만드는데 당근이 없어서 넣지 못했다고 하면
속으로 '잘됐다!'라고 외칠지도 몰라.
<u>아쉬움을 느낀다는 건 그만큼 즐거웠다는 뜻이야.</u>

 아쉽다

- 무엇이 없거나 모자라서 만족스럽지 않다. '더 있으면 좋겠는데 없어.'
- 뜻대로 안 되어 만족스럽지 않다. '더 하고 싶지만 그만해야 해.'

아쉬울 때는 즐거운 감정을 기억하자

 너는 어떨 때 아쉬움을 느껴? 글로 쓰거나 그림으로 그려 보자.

 아쉬움을 느낀다는 건 그만큼 네가 즐거웠다는 뜻이야. 즐거웠던 점을 글로 쓰거나 그림으로 그려 보자.

아쉬워하느라고 즐거운 감정을 놓치지 마.

섭섭해

'섭섭함'은 나와 가까이 있던 것이 멀어지거나 사라질 때 생기는 감정이야.
친하게 지내는 친구가 갑자기 멀게 느껴진 적이 있지?
그때 느낀 감정이 섭섭함이야.

==섭섭함은 모르는 사람한테는 느끼지 않아.==
==가족이나 친구, 선생님처럼 친하고 가까운 사이에 느껴.==
나에 대한 태도가 전과 다르게 멀어진 것 같거나 실제로 멀어졌을 때
섭섭함을 느끼지.

==섭섭함은 사람뿐 아니라 물건이나 장소에도 느낄 수 있어.==
예를 들어 좋아하는 운동화인데 발이 커져서 못 신게 되었을 때나,
즐거운 추억이 있는 장소가 문을 닫아서 더는 가지 못하게 되었을 때처럼.

==섭섭함을 느낀다는 건 그만큼 정이 들었다는 뜻이야.==

섭섭하다

- 잃거나 헤어지게 되어 아깝고 서운하다. '마음의 작은 조각 하나가 슬며시 떨어져 나가는 것 같아.'
- 남의 태도나 대접이 흡족하지 않다. '어쩐지 나하고 멀어진 것 같아서 허전하고 슬퍼.'

섭섭할 때는 쌓아 두지 말자

 너와 사이가 멀어진다고 상상하면 슬퍼질 것 같은 사람이 있어?

 네가 가진 물건 중에 사라진다고 상상하면 아쉬울 것 같은 물건이 있어?

그 감정이 섭섭함이야.

섭섭함은 그동안 알아차리지 못했지만

그 사람이나 물건이 너에게 얼마나 소중한 존재인지 알려 줘.

있을 때 친절하게 대하고, 소중하게 다뤄야 한다고 말이야.

그렇게 한다면 멀어지거나 사라지더라도

예쁜 추억으로 간직할 수 있을 거야.

너의 실수나 잘못으로 사이가 멀어지거나 물건을 잃어버리기도 하지만
아무런 실수나 잘못이 없는데 그런 일이 생길 수 있어.
섭섭함은 꼭 누가 잘못해서 생기지만은 않아.

기대가 컸는데 이뤄지지 않을 때 생기기도 하지.
예를 들어 친구가 활짝 웃으며 너를 반길 줄 알았는데
그래 주지 않으면 섭섭함을 느낄 거야.
섭섭한 감정을 쌓아 두기만 하면 슬퍼지거나 화가 날 수 있어.
자존심 상한다고 생각하지 말고 솔직하게 마음을 털어놓자.

"나는 너랑 함께 놀고 싶어서 기대했어. 그런데 네가 나를 반기지 않는
것 같아서 섭섭했어."처럼 말이야. 여기에 써 볼까?

"

　　　　　　　　　　　　　　　　　　　　　　　기대했어.

　　　　　　　　　　　　　　　　　　　　　　　섭섭했어."

그리워

'그리움'은 더 이상 너의 곁에 없는 것을 매우 보고 싶어 하는 마음이야.

대상은 사람일 수도, 물건이나 동물, 과거의 시간이나 장소일 수도 있어.

누군가를 보고 싶거나 만나고 싶은 마음은 축복이야.

소중한 존재가 있다는 뜻이니까.

그런데 지금 당장 보고 싶어도 볼 수 없고, 만나고 싶은데 만날 수 없을 때가 있어.

이때 생기는 감정이 그리움이야.

보고 싶은데 왜 볼 수 없을까?

서로 멀리 살고 있어서 그럴 거야.

계속 그리워하면 언젠가 꼭 만날 거야.

그리고…

상대가 더 이상 세상에 없는데 간절히 보고 싶을 때도 있지.

떠올리기만 해도 마음이 아프고 눈물이 나.

그리움은 상대가 내 마음속에 여전히 살아 있다는 뜻이야.

누군가의 마음에 계속 살아 있는 것, 이것이야말로 진짜 삶이야.

그리움을 경험한다는 것은 너의 영혼이 성장하는 거야.

 그립다

- 보고 싶거나 만나고 싶은 마음이 강하고 세차다.
- '모습을 떠올리면 나도 모르게 눈물이 나.'

그리울 때는 고마움을 표현하자

타임머신을 타고 과거로 돌아갈 수 있다고 하면
만나고 싶은 사람이나 가고 싶은 장소가 있어?

그리운 대상과 함께한 사진이 있어? (사진이 있다면 사진을 보면서)
어떤 소중한 추억이었는지 여기 써 볼까?

너에게 소중한 추억을 준 사람에게 고맙다고 말하자.
(사람이 아니라 동물, 좋아하는 물건, 장소도 괜찮아.)

"   , 나에게

                         한

추억을 만들어 줘서 고마워."

허무해

'허무'는 아무런 보람이나 이익이 없다고 느껴 허전하고 쓸쓸한 감정이야.
일요일 아침부터 저녁까지 게임만 하다가 자야 할 시간이 됐는데
하루가 몽땅 사라진 기분이 든다면?
뽑기에 몇 번이나 도전했는데 원하는 인형을 뽑지 못하고 집에 가야 한다면?
이때 느끼는 감정이 허무야.

우리는 매일 여러 가지 선택을 해.
선택의 결과가 보람이나 이익이라면 뿌듯할 거야.
반대로 아무 보람이나 이익이 없다면 허무할 거야.

때로는 네가 아무런 실수나 잘못을 저지르지 않았는데 허무하기도 해.
예를 들어 좋아하는 굿즈를 나눠 준다는 소식을 듣고 열심히 뛰어갔는데
조금 전에 이벤트가 끝났다면?

허무하지만 단지 운이 없었을 뿐이지.

 허무하다

- 아무 보람이나 이익이 없다고 느껴 허전하고 쓸쓸하다.
- '아무것도 아닌 게 되어 버린 것 같아.'

허무할 때는 과정과 결과를 기록하자

 허무하다고 느낀 일이 있어?

 어떤 점이 보람이나 이익이 없다고 느꼈어?

열심히 했지만 그만큼 결과가 나오지 않을 때가 있어.
그게 정말로 허무하기만 할까?
과정에서 즐거움이나 새로운 경험, 보람 등을 느꼈다면
결코 허무하지 않아.
이번에 겪은 과정이 곧 중요한 도움이 될 테니까.

어떤 일을 했는데 허무함을 느낄 때는
과정과 결과를 나누어서 생각하고 기록하자.
너의 기대에 비해서 결과가 어떻게 나왔는지 기록하고,
과정에서 느낀 감정들과 새롭게 배운 것들을 기록하는 거야.

과정도 결과도 허무하다면 반성하자.
결과는 허무하지만, 과정이 보람 있었다면 스스로를 위로하자.
"괜찮아. 잘했어."

너의 감정을 표현해 보자

`초조하다` `부담감을 느끼다` `공포를 느끼다` `분하다`

- 밤중에 집에 혼자 있는데 밖에는 바람이 심하게 불고 어디선가 계속 이상한 소리가 들려. 게다가 소리가 점점 커져. 괴물이 나를 잡으러 오는 걸까? (   )을/를 느껴서 심장이 얼어붙는 것 같아.

- 8시 30분에 버스가 출발하는데 친구가 아직 오지 않았어. 지금은 8시 27분이야. 친구가 오지 않을까 봐 (   ).

- 별로 친하고 싶지 않은 아이가 나와 친해지고 싶다면서 선물을 줬어. 나도 선물을 해야 하는 건지 (   )을/를 느껴.

- 내가 잘못한 게 없는데 나한테 나쁜 소리를 하면서 괴롭히는 아이가 있어. 그 아이 생각만 하면 (   ).

답 공포 / 초조해 / 부담감 / 분해

너의 감정을 표현해 보자

긴장하다 **예민하다** **좌절하다** **화나다**

- 모둠에서 발표를 맡았어. 점점 내 순서가 가까워져서 조마조마하고 가슴이 조이는 것 같아. 내가 (   )한 걸까?

- 열심히 수영 연습을 해서 대회에 나갔는데 입상하지 못했어. 내 꿈이 무너지는 것 같아서 (   )했어.

- 엄마가 "오늘 학교에서 어땠어?"라고 묻는데 "몰라!" 퉁명스럽게 말하고 방으로 들어가 버렸어. 동생이 노래를 부르는데 "시끄러우니까 조용히 해!"하고 소리치고 말았어. 아무래도 내가 (   )한가 봐.

- 언니가 30분 동안 게임하고 다음에 내가 하기로 했는데 양보하지 않고 있어. (   ).

답 긴장 / 좌절 / 예민 / 화가 나 *기질에 따라 각자 다른 감정을 느낄 수 있어.

너의 감정을 표현해 보자

- 꼭 해야 할 숙제가 있는데 게임이 너무 재밌어서 숙제를 미루다가 결국 못 했어. 내일 학교에서 선생님에게 혼날까 봐 (　　　　).

- 외출한 엄마가 늦게까지 집에 안 오셔. '엄마가 오지 않으면 어쩌지?' 생각하니까 (　　　　)했어.

- 학교 수업이 끝나고 엄마가 데리러 온 줄 알고 나갔는데 엄마가 없어서 (　　　　)했어.

- 친구 집에 놀러 갔는데 커다란 개가 나를 보고 으르렁 짖었어. (　　　　) 몸이 떨렸어.

답　걱정돼 / 불안 / 당황 / 무서워서　　*기질에 따라 각자 다른 감정을 느낄 수 있어.

어떤 감정이 들어가면 알맞을까?

샘나다 **질투하다** **심술 나다** **부끄럽다**

- 친구는 그 아이가 상냥하고 그림을 잘 그린다면서 앞으로 친하게 지내고 싶다고 했어. 그 말을 듣고 (   ) 나도 모르게 이렇게 말했어.
"걔가 뭐가 상냥하냐? 내가 그림 봤는데 별로던데? 그리고 내가 달리기는 더 잘해!"

- 나랑 매일 같이 노는 친구가 다른 아이랑 놀고 있어. 나랑 놀 때보다 즐거워 보여 (   )났어.

- 좋아하는 아이에게 멋지게 달리는 모습을 보여주고 싶었는데 신발 끈을 밟으면서 쾅! 넘어졌어. 그 아이가 봤을까 봐 (   ) 엉엉 울고 싶었어.

- 엄마가 간식을 먹으라고 했는데 "안 먹어!" 하고 문을 쾅! 닫고 방에 들어갔어. 엄마에게 야단맞았어. 내 마음도 몰라주는 엄마가 미워서 간식을 먹지 않겠다고 계속 고집을 피웠어. 엄마가 물었어. "무엇 때문에 (   )?"

답: 질투 나서 / 샘 / 부끄러워서 / 심술 났어

어떤 감정이 들어가면 알맞을까?

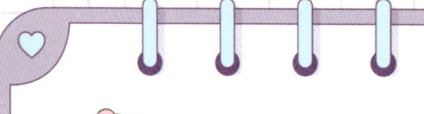 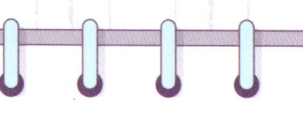

어색하다 찜찜하다 못마땅하다 불쾌하다

- 엄마가 새 운동화를 사 주셨어. 마음에 들지만 아직 (   )해.

- 친구에게 물었어. "네 장난감을 가지고 함께 놀아도 돼?"
  친구 얼굴을 봤더니 (   )한 표정이야. 친구는 자기 장난감을 가지고 저만치 가 버렸어.

- 내가 실망하니까 친구가 (   )했나 봐. 나중에 이렇게 말해 줬어.
  "오늘은 안 되지만 다음에 빌려 줄게."

- 만약에 물어보지 않고 친구의 장난감에 손을 대면 친구가 무척 (   ) 할 거야. 물어보길 잘했어.

답 | 어색 / 못마땅 / 찜찜 / 불쾌

너의 감정을 표현해 보자

| 냉담하다 | 의욕 없다 | 모욕감을 느끼다 | 혐오하다 |

- 같은 반 아이가 내 말투를 흉내 내면서 놀려서 (　　　　). 당황해서 그 자리에서 뭐라고 못 했는데 내일 학교에 가면 꼭 사과를 받을 거야.

- 으악! 저리 치워! 그건 내가 제일 (　　　　)하는 거라고! 뭐라고? 너한테 소중한 거라고? 미안해. 네가 좋아하는 거니까 뭐라 하지 않을게. 그렇지만 나는 아닌 것 같아.

- 나는 아이돌이 되고 싶은데 주변의 반응이 (　　　　). 왜 아무도 내 꿈을 이해해 주지 않지?

- 다른 아이들은 모둠 활동을 신나서 열심히 하는데 나는 왜 해야 하는지 잘 모르겠어. 아무래도 지금 (　　　　)봐.

답 모욕감을 느꼈어 / 혐오 / 냉담해 / 의욕이 없나

 너의 감정을 표현해 보자

지루하다 슬프다 실망하다 비관적이다

- 이번 주말은 놀이공원에 가기로 했는데 아빠가 회사에 일이 생겨서 못 갔어. 잔뜩 기대했는데 (   )해서 어깨가 축 처졌어.

- 열심히 할 필요 없어. 열심히 해 봤자 안 돼. 희망이 없어. (   ).

- 똑같은 것만 계속하니까 재미없고 (   ). 우리 다른 걸 해 볼까?

- 우리 집 강아지가 어제 무지개다리를 건넜어. (   )서 많이 울었어.

답 실망 / 비관적이야 / 지루해 / 슬퍼

 **너의 감정을 표현해 보자**

지치다   주눅 들다   우울하다   소외감을 느끼다

- 피아노 연습을 아무리 해도 늘지 않아. 이제 그만하고 싶어. 피아노 연습을 매일 하느라 (　　　).

- 학원에서 돌아왔는데 가족들이 나만 빼놓고 치킨을 먹으면서 즐겁게 웃는 모습을 보니까 기분이 이상했어. (　　　)을/를 느낀 거 같아.

- 형이 나한테 패스 못 한다고 소리 지르니까 (　　　) 더 못하겠어.

- 나는 못생겼고 잘하는 게 아무것도 없어. (　　　) 자꾸 눈물이 나.

답   지쳐 / 소외감 / 주눅 들어서 / 우울해서

너의 감정을 표현해 보자

[가엾다] [미안하다] [후회하다] [외롭다]

- 나는 친해지고 싶어서 장난을 쳤는데 그 아이가 울었어. 내가 잘못한 것 같아서 (   ).

- 우리 반에 반려동물을 떠나보낸 아이가 있어. (   ) 뭐라도 도와주고 싶은데 어떻게 하면 좋을까?

- 어제 내가 말도 안 하고 네 지우개를 빌리고 돌려주지 못해서 (   ).

- 내 마음을 아무도 몰라주는 것 같아서 (   ).

답   후회해 / 가여워서 / 미안해 / 외로워

너의 감정을 표현해 보자

| 아쉽다 | 섭섭하다 | 그립다 | 허무하다 |

- 태권도 승급 심사에 통과하려고 열심히 연습했는데 배탈이 나서 가지도 못해서 (   ).

- 케이크가 맛있어서 한 입만 더 먹으면 좋겠는데 다 먹고 없어서 (   ).

- 친구 할머니를 보니까 작년에 돌아가신 우리 할머니가 생각나서 (   ).

- 내가 가지고 놀다가 지금은 안 노는 인형인데 막상 엄마가 사촌 동생한테 준다고 하니까 (   ).

답 허무해 / 아쉬워 / 그리워 / 섭섭해

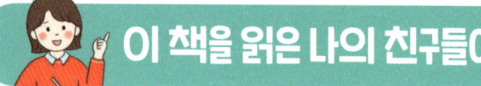 이 책을 읽은 나의 친구들에게

빨강, 파랑, 노랑, 초록.
'맨 처음 감정공부' 시리즈에 등장하는 네 가지 색깔이야.
우리가 느끼는 감정을 네 가지 색깔로 표현해 봤어.
어떤 감정에 어떤 색깔이 칠해지는지 지금까지 절반을 알았어.
노랑과 초록은 곧 출간될 『맨 처음 감정공부 2』에 등장할 거야.

빨강 감정에는 해결책이 필요하고
파랑 감정에는 공감과 위로가 필요해.
초록 감정은 평화로워서 나침반이 되는 감정이고,
노랑 감정은 기뻐서 오래 기억해야 하는 감정이야.

우리 『맨 처음 감정공부 2』에서 다시 만나자!

유선경의
맨 처음 감정 공부 1

초판 1쇄 인쇄 2024년 9월 5일
초판 1쇄 발행 2024년 9월 24일

글 유선경
그림 소소하이

펴낸이 김선식
펴낸곳 다산북스

부사장 김은영
어린이사업부총괄이사 이유남
책임편집 조현진 **디자인** 남정임 **책임마케터** 안호성
어린이콘텐츠사업5팀장 이현정 **어린이콘텐츠사업5팀** 남정임 조문경 마정훈 조현진
마케팅본부장 권장규 **마케팅3팀** 최민용 안호성 박상준 김희연 송지은
미디어홍보본부장 정명찬
편집관리팀 조세현 김호주 백설희 **저작권팀** 이슬 윤제희 **제휴홍보팀** 류승은 문윤정 이예주
재무관리팀 하미선 김재경 임혜정 이슬기 김주영 오지수
인사총무팀 강미숙 지석배 김혜진 황종원
제작관리팀 이소현 김소영 김진경 최완규 이지우 박예찬
물류관리팀 김형기 김선민 주정훈 김선진 한유현 전태연 양문현 이민운

출판등록 2005년 12월 23일 제313-2005-00277호
주소 경기도 파주시 회동길 490 **전화** 02-704-1724 **팩스** 02-703-2219
다산어린이 공식 카페 cafe.naver.com/dasankids **다산어린이 공식 블로그** blog.naver.com/stdasan
종이 스마일몬스터 **인쇄 및 제본** 상지사 **코팅 및 후가공** 평창피앤지

표지 그림 박현미

ISBN 979-11-306-5637-3 73190

- 책값은 뒤표지에 있습니다.
- 파본은 본사 또는 구입한 서점에서 교환해 드립니다.
- KC마크는 이 제품이 공통안전기준에 적합하였음을 의미합니다.

 책을 더 재미있게, 책을 더 오래 기억하는 방법
다산어린이 공식 카페에는 다양한 독서 활동 자료가 있습니다.
자료를 활용하여 아이들의 독서 흥미를 더욱 키워 주세요.

_____ 와 _____ 의
감정 교환일기

⭐ 이름:
⭐ 별명:
⭐ 생일:
⭐ MBTI:
⭐ 특징:

💛 이름:
💛 별명:
💛 생일:
💛 MBTI:
💛 특징:

교환 일기 가이드

① 어린이는 왼쪽 페이지에 오늘 하루를 떠올리며 '오늘의 감정' 칸에 자신의 감정을 적고, 동그라미 안에 표정을 그려 주세요.

② 왜 그런 감정을 느꼈는지, 어떻게 하고 싶은지, 어떤 도움을 받으면 좋겠는지 등을 자유롭게 써 주세요.

③ 보호자는 오른쪽 페이지에 칭찬과 격려를 담아 답신을 달아 주세요. 『맨 처음 감정 공부』 책을 참고해도 좋아요.

④ 충분한 대화를 통해 일기를 쓰는 빈도와 교환하는 날짜를 정해 주세요.

⑤ 여유를 가지고 즐거운 마음으로 둘만의 일기를 완성해 주세요.

비밀 각서

① 우리는 교환일기에서 나눈 이야기를 다른 사람에게 함부로 말하지 않겠습니다.

② 우리는 감정을 숨기거나 속이지 않고, 솔직하게 표현하겠습니다.

③ 우리는 이 일기를 통해 경험을 나누고, 서로의 감정을 존중하는 즐거운 여행을 함께 떠나겠습니다.

어린이: _____ (인)

보호자: _____ (인)

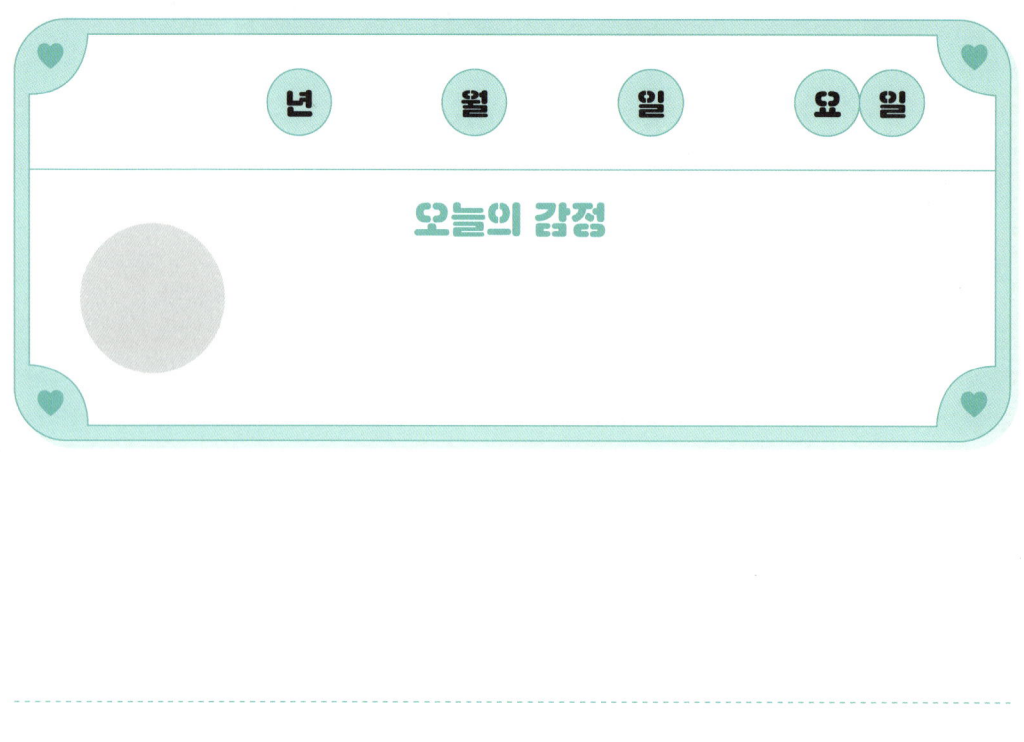

에게

년   월   일   요일

오늘의 감정

에게

　　　　년　　　월　　　일　　　요일

오늘의 감정

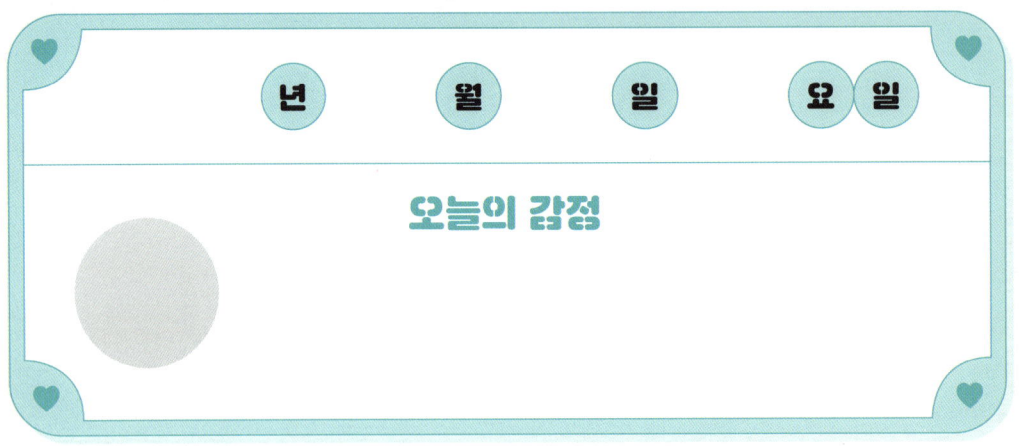

         년   월   일   요 일

                오늘의 감정

에게

에게

오늘의 감정

에게

에게

년　월　일　요일

오늘의 감정

에게

년　월　일　요일

오늘의 감정

에게

에게

에게

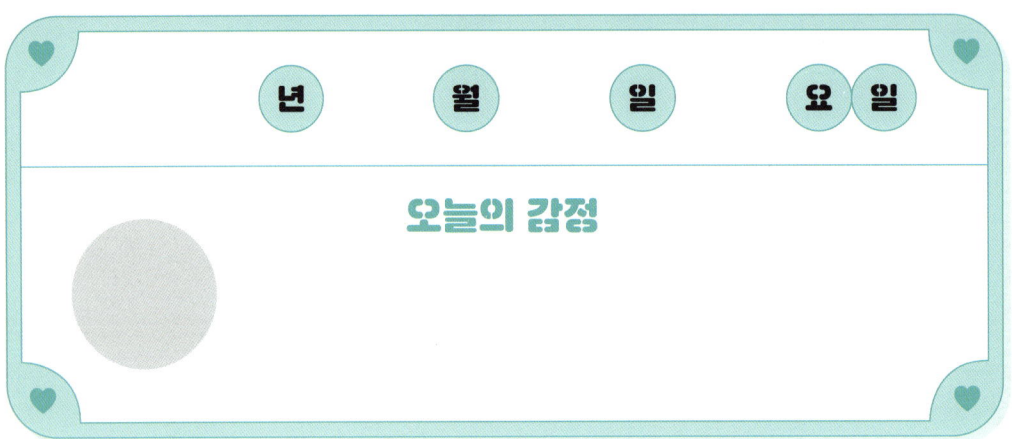

에게

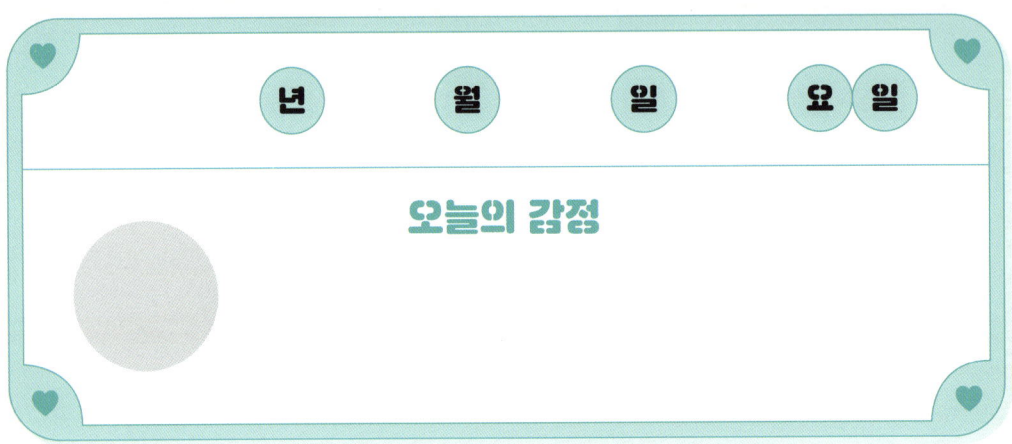

에게

에게

에게

          년   월   일   요일

오늘의 감정

에게